如何
让你的产品
被快速
口口相传

[美] 杰伊·贝尔（Jay Baer）
丹尼尔·莱明（Daniel Lemin） / 著　何正云 / 译

TALK
TRIGGERS

上海交通大学出版社
SHANGHAI JIAO TONG UNIVERSITY PRESS

图书在版编目（CIP）数据

如何让你的产品被快速口口相传 /（美）杰伊·贝尔，
（美）丹尼尔·莱明著；何正云译 . -- 上海：上海交通
大学出版社，2021.12
书名原文：Talk Triggers
ISBN 978-7-313-25682-9

Ⅰ . ①如… Ⅱ . ①杰… ②丹… ③何… Ⅲ . ①营销学
Ⅳ . ① F713.50

中国版本图书馆 CIP 数据核字（2021）第 251201 号

著作权合同登记号：图字：09-2021-964

如何让你的产品被快速口口相传
RUHE RANG NI DE CHANPIN BEI KUAISU KOUKOUXIANGCHUAN

作　　者：[美]杰伊·贝尔　　[美]丹尼尔·莱明
译　　者：何正云
出版发行：上海交通大学出版社　　地　　址：上海市番禺路 951 号
邮政编码：200030　　　　　　　　电　　话：021-52717969
印　　刷：上海盛通时代印刷有限公司　经　　销：全国新华书店
开　　本：880mm × 1230mm　1 / 32　印　　张：8
字　　数：156 千字
版　　次：2021 年 12 月第 1 版　　　印　　次：2021 年 12 月第 1 次印刷
书　　号：ISBN 978-7-313-25682-9
定　　价：52.00 元

版权所有　侵权必究
告读者：如发现本书有印刷质量问题请与印刷厂质量科联系
联系电话：021-52711066

泰德·莱特（Ted Wright）作的序

两年前，杰伊给了我们一个新的角度来考虑如何应对网络攻击。他用了一个简单粗暴的词组来描述，我为自己居然没有想到这个点而懊恼。就算你还没有看过这本书（如果真的还没看，一定要看看），仅是书名中的一小部分就把你需要知道的一切剧透给你了："拥抱仇家"。有什么问题吗？如果你确实需要能解释清楚如何使用他的智慧的事例和过程，杰伊早已经给你准备好了。杰伊拥有一种能力，能够在清楚地表述复杂概念的同时，提出切实可行的行动步骤。让我们大家都能更好地把握。

这就是为什么听说杰伊和丹尼尔要写一本有关口碑营销的关键问题（消费者相互间分享故事）的书时我会如此激动。就是你现在捧在手上的这本。而且，这本书来得恰逢其时。

回到菲兹（Fizz）领风气之先，在 2001 年成为首家口碑营销企业的时候，我是其中一个团队的成员，我们要把美国最难以下咽的一款啤酒打造成城市嬉皮士的标志品牌。在我们那些人当中，只有最不可救药的书呆子才会把"影响者"这样的词语夹杂在日常的言语中。而现在，拥有 500 个关注好友的 Youtube 主播，以及一个上面满是有趣的喝拿铁的精英分子的照片墙主页，都成了"影响者。"

既然这个术语在市场营销领域滥用得最厉害（而且我不得不说，也是最不被理解），我常常觉得需要给大家批评指正一下。就仿佛身着得体的格子上衣的天使闪现在我的肩膀，有点像摩登原始人里的场景，而且我听到"拥抱仇家"，或者杰伊的那些格言中的另一句。就仿佛我深吸一口气，从一个充满了爱的地方再次出发。或者，至少是一个相互间能够彼此理解的地方。

由于付费广告（包括传统的和数字的）的支柱还处在持续崩塌的过程中，市场营销行业就拼命想利用人对人推荐的力量，很久以来我们一直都知道这是一种促进购买决策的主要力量。但是，只有在真实的情况下，推荐才会产生效果。很多企业不愿意花力气去找出真正的影响者，而是走捷径：给那些网络上名声大噪，现实生活中鲜有影响的一次性网红们疯狂地砸钱。

这很像你在需要摩托车的时候却买了辆自行车。是的，这两种车都有两个轮子，有座位和手把。但是，当你把自行车骑上了高速公路的时候，就知道自己犯下了可怕的错误。关键在于：不要买自行车。

问题的核心在于，大部分的市场营销人员更擅长于应对媒介购买者，而面对消费者讲述时就显得有些力不从心。与媒体脱节数十年的现实情况，使他们在面对口碑营销中的各种麻烦时手足无措，从根本上说，就是不太具备面对大众讲话的技巧。购买黄金时段的广告位很贵但是简单；在松散联系的网络人群中引发针对你的品牌的对话便宜但无疑要复杂得多。它需要耐心、信心和灵活性，而不是那些传统上在首席营销官群体中已经被高度认同的特质。

对于在这种环境中成长起来的那些营销专家来说，社交媒体名人们所具有的诱惑力是显而易见的。只要出点钱，从卡戴珊（Kardashian）到凯蒂·派（Kewtie Pie）这样的网络名人，都会很乐意发一篇以你的产品为特征的加"#"号的推送帖。但是，真正的口碑营销专家会告诉你：真正有影响力的人几乎都不会拿你的钱。事实上，他们中的绝大多数都不会把自己标价出售。至今仍然还有如此众多的市场营销人士没有认识到这一点，可真算是我们这个专业的悲哀了。

这就把我的话题又引回到了杰伊和丹尼尔身上。我们所需要的是有人能够把真正的口碑流程分解至最基础的组成部分，而且用所有人都能够理解的概念解释清楚。如何开始就你的品牌发起一次对话？如何更加靠近你的客户？粉丝与拥趸之间有什么不同？为什么热衷于"病毒传播"对你的品牌或许没有什么帮助？这些问题在本书中都以通俗易懂的语言讲清楚了。

我们所做的这些事情，其影响力已经有目共睹。我前面提到的涩啤品牌，蓝带啤酒，长期以来一直都是品牌再造的研究案例。但是，像特斯拉以及谷歌这些品牌的成功，已经证明口碑营销带来的不仅是客户，更是忠实、热情的拥趸。毫不奇怪，市场营销专家想知道的远不止于此。而且，他们被影响者产业综合体彻底搞蒙了。

他们很幸运能够拥有这本书。在前面的内容中，杰伊和丹尼尔将会让你初步了解口碑营销中最开始的也是最关键的元素，也就是对于你的品牌，好朋友之间会相互说些什么。高汀（Godin）把它称为"紫牛"。我称之为品牌内容中"可讲述的"部分。杰伊充分展示了他高超的语言才能，把它命名为"话题引爆点"。它可以是一份超乎寻常的长菜单、留在你酒店房间枕头下的一块饼干、把消费者与首席执行官直接联系起来的热线电话，或者搞笑的电话待机音乐。无论是什么，（而且可以是几乎所有的东西），你就是需要它来建立口碑。

是的，我是写过一本有关口碑营销的书，而且这本书卖得非常好也是事实，但是，对于口碑营销来说，现在正处于非常危急的关头。一方面，我们提出的概念和术语已经比以往任何时候都变得更为主流。另一方面，对我们的技能提出的要求也是前所未有的。本书将会帮助我们更加坚信，当所有该说的说完，该做的做尽，那些真正懂得这门艺术的人将会傲然挺立。

请把这个意思告诉你的朋友。

泰德·莱特

（Ted Wright）

目录
CONTENTS

第一部分

不要小看你的客户，口碑为什么能发挥作用

第一章 好口碑以小博大

你喜欢吃鸡吗？你真的那么喜欢吃鸡吗？你像吉米·巴菲特①喜欢海滩一样喜欢吃鸡吗？如果真的是这样，那么芝乐坊餐厅就是你心中的完美餐馆。这个连锁餐厅中的每一家店都能提供85种不同的鸡肉菜品。毫不奇怪，由于囊括了如此众多的鸡肉菜品，他们光菜单上就有5940个字。这个长度比这本书的11%的篇幅还多。

你或许会认为这本菜单太长了，但是对于芝乐坊餐厅来说，却刚刚好。为什么？因为餐馆的巨大菜单显得如此与众不同，促成了顾客之间交谈的话题。菜单的厚度成了它吸引顾客的秘密武器——它就隐藏在众目睽睽之下，在每一位食客的手中。

芝乐坊餐厅的菜单就是话题引爆点：自带促成顾客交谈的特点。

每一天，顾客都会用混杂着困惑、惊奇和沮丧的语气评论这份菜单那令人关注的不同之处。2017年11月初，仅以推特（Twitter）来说，上面有关芝乐坊餐厅的菜单就引发了这种具有

---

① 吉米·巴菲特（Jimmy Buffett），美国乡村摇滚歌手。——译者注

广泛代表性的评论（达数十条之多），它仿佛是一只由智能手机驱使的信鸽，乘着数码的东风，把这个品牌的核心差异点传达给了数以千计的潜在顾客：

克里斯托弗　　　　　　　关注

@potterhead0499

我已经去了几百趟芝乐坊餐厅，但是仍然还没有能够看全这份菜单。#芝乐坊餐厅

2017 年 11 月 10 日上午 4:56

奥斯丁　　　　　　　关注

@TheRisky_Gonger

芝乐坊餐厅的菜单就像一部非常神奇的书。它堪称菜单界的《尤利西斯》。

大家都说看过了，但是没有谁真正看完过。

2017 年 11 月 17 日下午 2:25

格雷格·马尼亚　　　　　　关注

@gregmania

你想看哪本书翻拍的电影？我想看《芝乐坊餐厅菜单》。

2017 年 11 月 17 日下午 7:26

跟埃尔顿·约翰（Elton John）音乐会上所戴的夸张的太阳镜一样，这份菜单也成了芝乐坊餐厅消费者体验的标志性元素，有顾客这样说：

CECE　　　　　　关注

@cece24_lovesu

我妈会说"我们就去巨厚菜单"，接着我爸爸就这样说"我想你的意思是去芝乐坊餐厅"。

2017 年 11 月 5 日下午 4:12

这份菜单带给芝乐坊餐厅的好处是巨大的。从公司申请上市所提交的财务资料上可以看出，它花在广告上的费用只占总销售额的 0.20%。

主要竞争对手达登餐饮旗下经营着橄榄花园餐厅、首都烤肉、庭院餐馆等好几个餐饮品牌。达登餐饮的规模大致是芝乐坊餐厅的三倍，但是广告支出多出了 1799%（以销售额的百分比计）。按照金额计算，达登餐饮每年花在广告上的费用比芝乐坊餐厅多 2.68 亿美元。

芝乐坊餐厅不需要出钱购买别人的关注，因为他们菜单的特点足以让顾客讲给朋友听，并因此带来了新的顾客。当你致力于打造类似芝乐坊餐厅菜单那样的话题引爆点的时候，那种差异就会产生出复制顾客的对话来，让你免费获得新的营收。

研究员戴维·戈德斯（David Godes）和丁娜·梅兹琳（Dina

Mayzlin）的研究结果表明，一位新顾客的一次简单的口碑对话就会给餐馆的销售额带来差不多 200 美元的增长。当这样的情况反复出现的时候，你最终也能跟芝乐坊餐厅一样，一家销售额高达数十亿美元的公司几乎不用花钱宣传自己，尽管所属的行业一般都需要投入巨额的广告费用。

正确的那种谈话

你或许在想：顾客真正留意话题引爆点的情况有多常见？更为重要的是：有多少区别点能够真正变成话题？毕竟，那种不鼓励对话的运营优势，也许能够从原有的客户中产生出重复购买，但是不可能以很少甚至为零的成本创造出新的客户来。这种传导效应——当顾客几乎是在不经意间讲述你的故事，把自己变成自觉自愿的营销人员的时候——就是让那些拥有话题引爆点的公司如此欣然地接受口碑影响的原因。

为了更好地弄清楚芝乐坊餐厅的话题引爆点的影响力，我们与一家具有良好声誉的消费者小组调研机构、受众调查公司合作，与数百位在调查开始之前 30 天内在芝乐坊餐厅用过餐的成年人取得了联系。

我们对受访者提出的问题是，"你有过因为自己愉快的体验而对没有要求被推荐餐厅的人推荐过芝乐坊餐厅吗？"受访者中，有 66% 的人表示推荐过。

或许甚至更加令人印象深刻的是，我们的研究发现，在直接寻求餐厅推荐的时候，每 10 位消费者中，讨论过芝乐坊餐厅的就不止 9 位。受访者被问到的问题是，"你给那些寻求餐厅推荐的人推荐过芝乐坊餐厅吗？"当机会出现的时候，芝乐坊餐厅的所有顾客几乎都成了它的拥趸。

看一眼就全明白了，在芝乐坊餐厅吃饭的人都在谈论他们的体验。但是，当这些消费者交谈的时候，他们到底是在讨论普遍性（比如，"芝乐坊餐厅有好吃的东西"），还是在讨论特殊性？

这个区别很重要。当交流的信息很具体的时候，口碑的影响通常更大。

我们的一位咨询客户问了我们一个你或许也很疑惑的有趣问题。她说，"话题引爆点与独特卖点（USP）之间有什么不一样？"独特卖点是一个很老套的营销术语，其定义为"把产品与其竞争对手区别开来的一个因素，诸如最低的成本、最高的质量或者同类产品中最先面世。"

我们是这样回答这个客户的："独特卖点是一种通过重点强调而传播的特性，它在会议室里讨论。话题引爆点是一种通过故事传播的利益，它在鸡尾酒会上讨论。"独特卖点不能说不重要，但是问题在于它们几乎全都是卖点太多而独特性不足。确实，"优质食品"和"优良服务"都是卖点。但是它们并不独特，甚至还弱化了口碑。

在对芝乐坊餐厅的调研过程中，我们用两种方式提出这个问题。第一种，我们这样问："当你给别人推荐芝乐坊餐厅的时候，你主要会讲什么？"

60% 的消费者说"菜品的质量"，我们把这种情况归类为一般信息，这是一个独特卖点。也算不上一个特别引人入胜的或者记忆深刻的故事，因为菜品质量本身并不属于同类产品中的区别点。很多餐馆都在提供品质优良的菜品，所以，它不具备很强的故事性。（见图1–1）

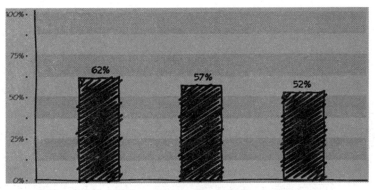

图 1–1 乐坊餐厅品牌属性

但是，该品牌被提到的第二多的方面是菜单的内容。每10位顾客中差不多就有4位说他们谈论过这个区别点。这就是话题引爆点！

第二种，我们给了顾客一份特性清单，然后问他们会怎么说这家餐馆。在这个升级版的有提示的场景下，菜单内容的影响提及的就更多了。

当与这份清单一起出现的时候，超过半数的受访者说他们对另外的人提及过菜单上菜品的数量，一起讨论过这个排在第二位的共同属性。

芝乐坊餐厅的顾客都注意到了菜单的规模，而且谈论了菜单的规模，提高了关注度，并鼓励新的顾客首次光临这家餐厅。这家企业成功地把自己的消费者转变成了心甘情愿的营销人员。而你也可以做同样的事情。

你承担不起忽视口碑的后果

对于任何一家公司的成长来说，口碑或许是最为有效而且成本最低的方式。然而，我们常常把它看成是理所应当的事情，就像免费的咖啡续杯或者另一张 U2 专辑。

我们写这本书的原因之一就是想破解这个谜题：作为消费者，我们都知道口碑推荐的影响力有多大，而且我们一直都在亲身体验着。但是，在工作中，我们却几乎不会考虑如何确保产品能够激发出口碑推荐来。出现这种情况到底是因为什么？而且怎么会是这样？

或许是商业界并不真的相信口碑的力量？鉴于例证随处可见，这种情况似乎并不太可能。

管理实验室在 2017 年对口碑影响力所做的一次非常详细的调查中发现，在美国有购买行为的所有消费者中，19% 的人都是由线下或者线上的口碑活动直接导致的。这大约相当于 10 万亿美元的经济影响力。而且，尽管消费者并没有完全意识到或者明确承认，但是受到口碑影响的购买人数要远远超过 19%，这与人们在淋浴时会不自觉地哼唱凯蒂·佩里（Katy Perry）的歌曲属于同样的情况。

口碑也不只是适用于个人的消费支出。事实上，由勃朗奥特斯和测评机构 G2 Growd 所做的研究揭示出了这样一种情况，在 B2B（企业对企业）场景下，考虑到购买的性质、更高的平均价格以及有限的客户数量，推荐和介绍的影响力实际上更大。

就目前的情况来看，出于下面这 3 个理由，口碑比以往任何时候都更加有效，也更加重要。

1. 它是高度相关的。推荐者对推荐理由进行了定制化处理，以满足被推荐者所表露出来的需要。没有哪种其他的市场营销方式能够达到如此个性化的程度吗，而消费者对个性化的期望一直在不断提高。

2. 正面的口碑节约了被推荐者的时间，因为通过提供给他或者她的介绍和建议，从而减少了做出明智决策所需的部分或者全部研究工作。

3. 当消费者相互间做推荐的时候，他们所说的意见是相互独立的，因为讲话的人在销售或者服务的过程中没有经济利益。消费者的独立性增加了建议内容的可信度和说服力。这种信任优势就是口碑在今天为什么如此至关重要的原因。从根本上说，我们对企业和组织的信任前所未有地低迷，而我们对人的信任前所未有地高涨。

按照研究机构尼尔森（Nielsen）的说法，83% 的美国人相信来自朋友和家人的推荐，60% 相信网上的评论——这是一种重要的匿名口碑形式。相较而言，按照爱德曼公关公司的说法，从全球来看，只有 52% 的人相信企业，而在所调查的 28 个国家中，16 个国家的受访者中有不到一半的人说他们相信公司。

无论企业具备什么样的规模、形态、类别与历史，现实的情况就是一半的客户都不信任你。作家兼主讲人戴维·霍萨格（David Horsager）说，信任是"一个企业最重要的资产"。他是对的，但这种信任最好的传递载体不是企业本身，而是其客户。我们身处这样一个时代，信任比事实重要，而真相就是客户不能像他们相互间的信任那样来信任你。

公众现在以在数年之前想都不敢想的方式掌握着话语权。这也就是为什么说现在是话题引爆点最好的时机，或者说是到了最必不可少的时候。企业单方面控制消费者态度以及随之而来的购买的能力，就像廉价衣服的折边一样，已经日趋磨损。

最佳的组织正领跑着这种转变，他们有意识地打造区别点，让客户讲述关于企业及其产品或者服务的真实的、由衷的、可信的故事，这些故事通过介绍和推荐带来了新的客户。

在《推荐的引擎》（The Referral Engine）一书中，作者约翰·詹特什（John Jantsch）这位"胶带行销术"的创始人调研了1200家中小型企业，结果发现63%的老板都相信，自己一半以上的营业额来自于介绍。然而，80%的受访者表示没有明确的系统来应对这些推荐的产生。詹特什在一次采访中告诉我们，"现在，大部分的推荐都是偶然发生的"。

詹特什估计，所有企业中，拥有制造话题的书面计划的企业只有1%甚至更少。100%的企业都关心口碑，但为获得口碑而制订计划的则不足1%。这就是我们写作《如何让你的产品被快速口口相传》一书的原因。

关于口碑及其价值，有很多写得很棒的书。很多作者的评述都纳入到了本书的内容里，而且这本书从头至尾，都在引用他们的研究和结论。但是，《如何让你的产品被快速口口相传》的写作目的，是为了提供更多的结构和架构，为你掌握口碑的非凡力量，提供清晰的、线性的、易懂而且切实可行的系统。我们一直尝试写作这样一本书，它不只是告诉你话题引爆点为什么如此重要，而且还能解释清楚如何能切实地让它们发挥作用，从你读完本书的那天开始。

基于我们的研究以及数十位其他作者和学者的发现，再加上我们45年中为数百家机构和数十个《财富》500强品牌提供市场营销顾问的经验，我们为如何在所有类型的企业中打造口碑提出了话题引爆点的框架。

我们在本书里以四部分的内容把这个框架呈现在大家面前。

第一部分讨论了口碑的重要意义以及经济影响力，并审视了为什么绝大部分的机构会对此采取自由放任的做法。

第二部分介绍了能触发客户的偏好因素有哪些，帮助品牌锁定客户的兴趣。

第三部分揭示出了如何触发不同类型的话题，把消费者转化为品牌口碑参与人。

第四部分介绍了把问题落实到执行层面的流程及方法。

我们还在附录里包括了一份快速指南，总结了关键研究、主题和教训。这份方便实用的指南深受我们的畅销书《"你"力》（Youtility）、《拥抱仇家》（Hug Your Haters）以及《操纵》（Manipulated）的读者的欢迎。我们希望你也会喜欢，而且在你首次读完《如何让你的产品被快速口口相传》之后想参阅时能够发现它能为你节约很多时间。

　　额外的资源，包括视频、讲义、陈述模板、工作表单等，也将会为你打造出话题引爆点提供必要的帮助，并可以投入到实际的应用中。所以，在我们继续下面内容之前，请花 10 秒钟登录一下 TalkTriggers.com 网站，获取我们为在阅读过程中帮助你而提供的那些材料。在那里你或许能有新的发现。

第二章 把握对话的方向

我们希望你认同这个说法，也就是口碑对于企业成长来说是至关重要的，而且可以成为最强大的助推器。然而，对它的讨论仍然严重不足，使用也非常不够。口碑营销是企业界的卷心菜吗？我们都知道它对我们来说很有营养，但是我们中的大部分人还是在回避或者无视它的存在。

或许，在口碑的重要性与口碑战略之间存在如此巨大矛盾的原因在于，从定义上说，它比大部分其他广告和营销手段都更难领会，也更难理解？就像对麦莉·塞勒斯 [①] 的暧昧一样，明明知道就摆在那里，但是却无法触碰。

当我们把这个问题抛给《疯传》（Contagious）一书的作者，同时也是大学教授的乔纳·伯杰（Jonah Berger）时，他认同口碑的这种昙花一现的属性对很多市场营销人士和企业老板来说呈现出一定的因果问题："购买付费媒体，大家都懂怎么做。他们说，'给你钱，多在媒体上给我曝光几次。'对于那些考虑如何购买口碑的人来说这却是个问题，因为你不一定能买到。你

---

① 麦莉·塞勒斯（Miley Cyrus），美国女演员——译者注。

可以塑造它，可以鼓励它，可以推动它，但就是买不到。所以，我认为缺乏控制致使某些公司和机构感觉掌握它好像更加富有挑战性。"

在商业世界的某些角落也存在这样的想法，认为社交媒体就是口碑，或者认为社交媒体已经取代了口碑，成为消费者认知和偏好的驱动力。其实不是这样。而且从来都不是。社交媒体是口碑方程式上的关键要素。事实上，按照管理实验室最新的研究成果，线下和线上的对话从规模上来说几乎是完全相等的。今天，线上和线下的口碑分别驱动着几乎完全一致的经济影响力；它们只是在不同的条件下做着同样的事情罢了。

"我认为对于品牌营销人士来说，理解社交媒体的兴起是事实这一点至关重要，这是不可否认的，而且也是一个重要渠道。但是有意思的是，它并没有损害到（线下）口碑的价值。"艾德·凯勒（Ed Keller）说。他是《面对面之书》（*The Face-to-Face Book*）一书的合著者，也是管理实验室的首席执行官。

凯勒说，人们在社交媒体上谈论品牌的动机，与他们线下谈论时的理由是不一样的。"人们对社交信号的期望极大地促进了社交媒体的发展。当我在社交媒体上贴出某种内容的时候，它就表达了关于我的某些东西。"他强调说。

我们很肯定，你在自己的轨道上见证了这一点。你的好友贴出了他们昨晚去看的那场精彩音乐会的短视频，但是当他们去本地的保龄球馆和赌场看过气的20世纪70年代摇滚乐队重聚表演的时候，很自然地忘了，什么内容也不会贴出来。在社交媒体上，每个人的生活都是经过组织的，就像一座世俗的博物馆。线下，我们仍然觉得能够展示真实的自我以及关于品牌和体验的真情实感。

看起来似乎凑得更近的面对面交谈好像会限制口碑的净影响，但是，现实的情况是，这种交流的说服力不只是克服他们的私密性质。大部分研究者得出结论，线下的口碑比其线上的变体更具说服力。根据凯勒费易集团的一项研究成果，58%的消费者把高可信度归结为他们在口头交谈中从他人处听到的信息，而且50%的人说由于这次交谈他们很可能会购买。

然而，也有这样的情况，就是线上社交媒体确实是最具影响力的口碑形式。比如，当你订购一次度假的时候。

不用说，那些成功而且令人念念不忘的口碑推荐就像接力赛跑中的那根接力棒。《菲兹》（Fizz）的作者泰德·莱特说："从影响者口中传出来的口碑以每年8倍阶乘的速度传播：每年40 370人。"仅仅一位被一份巨型菜单吸引的食客，就会影响到另外40 369位潜在消费者的品牌认知。

咨询企业麦肯锡在自己所做的一项研究中得出结论，"一般来说，在一个紧密、可信的网络内部传播的信息，相较于那些通过松散的社群传播的信息而言，受众较少但是影响力更大——部分原因在于，那些意见能让我们深信不疑的人与我们最看重的网络成员之间，通常存在很高的相关性。这就是为什么老派的饭桌上的推荐意见以及这些意见的网络版本仍然如此重要的原因。毕竟，一位在脸书上有300位好友的人会很轻易地忽略其中290位的建议。真正具有影响力的是那个由可信任的朋友组成的规模小而且联系紧密的网络。"

　　尽管社交媒体上的口碑所代表的只是消费者交流所形成的总体影响力的一半，企业每年还是要在社交媒体项目上投入数十亿美元，而且，几乎每一家企业都有至少一份社交媒体战略纲要。

　　就美国来说，直接花费在社交媒体广告上的资金，将会从2012年的43亿美元增加到2019年预计的236亿美元。增加的金额还没有包括日常数十亿美元的公司社交媒体岗位的人工成本，也不包括数十亿美元的软件许可费以及其他实施社交媒体战略所需的营运成本。（见图2-1）

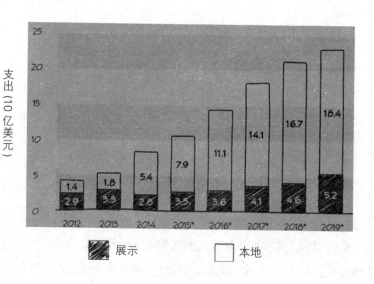

图2-1　美国社交媒体支出（2012—2019）

*资料来源：凯思，商业影响分析

口碑营销协会（WOMMA）联合创办人，同时也是领风气之先的书籍《口碑营销》（*Word of Mouth Marketing*）的作者安迪·赛诺维孜（Andy Sernovitz）警告我们不要以社交媒体噪音替换掉真正的口碑。

"社交媒体在速度上是很了不起的，但是它只是个工具。口碑很难赢得尊重，要想赢得推荐或者能够触动人心都需要有一家真正优秀的公司提供一种值得传颂的体验。"赛诺维孜告诉我们。

为什么社交媒体的对话只是口碑系统中的一个部分？它们大多是客户交谈中最易识别和可见的元素。社交媒体上闲聊的公共属性意味着在这些场合的口碑转眼就能够找到，不像线下的口碑，这就需要做具体的研究，诸如像我们为芝乐坊餐厅以及其他品牌所做的那样。

因为在线交谈是公开的，我们在这本书里一直都在使用它们来证明本书中提到的企业和机构所产生的口碑的成功之处。

希尔顿逸林度假酒店就是这样的一个案例。几十年来，它一直都基于简单然而极度有效的机制——在线下和线上制造话题。

希尔顿逸林度假酒店

世界上的所有餐厅都可以模仿芝乐坊餐厅，提供一份5 940个字的菜单，前提是它们能够处理好由该区别点所体现出来的极端的供应链、物流和培训挑战。然而，实际生活中，没有哪家企业这样做。对于接待类别的企业来说，情况也同样如此。世界上的连锁酒店有几十家，甚至几百家。然而，有话题引爆点的屈指可数。

希尔顿逸林度假酒店是个例外，而且该品牌的话题引爆点开始于 1986 年。你能猜出是什么吗？

我们会等。

请开始。

好吧。

没错，希尔顿逸林度假酒店的话题引爆点就是巧克力曲奇饼干。

在 30 多年的时间里，酒店老板一直给旅客提供温热的巧克力曲奇饼干。最初是作为夜床服务的一项内容来考虑，由团队成员每晚亲自送一块温热的巧克力曲奇饼干给客人。

1995 年，该项服务做了调整，曲奇饼干改成在客人登记入住酒店的时候提供，此后就一直不折不扣地执行下来了。今天，在该品牌全球超过 500 家的酒店里，他们每天送出惊人的 75 000 块饼干。在美国，田纳西州纳什维尔的克里斯蒂饼干公司从 1996 年起独家提供面坯和配方。从那时算起，希尔顿逸林度假酒店已经送出了 3.84 亿块饼干。这些饼干都是在各家店里烘焙出来的。

对于这个品牌来说，不间断的饼干体验具有非常重大的意义。他们这种饼干的配方在全世界都是一样的，而且在美国全境，连饼干的烘焙都是一模一样的。如果你很想吃但是又不想去住酒店的话，在美国可以通过 www.doubletreecookies.com 这个网站买到这款饼干，并且会快递给你。要是你愿意，该品牌甚至也出售做好的饼坯，让你自己烘焙。

除了在客人入住的时刻提供饼干，希尔顿逸林度假酒店通常也以其他途径宣传并使用这款饼干，以强化这个话题引爆点。例如：逸林餐厅的厨师会用饼干做菜。

这款饼干对于希尔顿逸林度假酒店来说意义重大，这一点希尔顿全球品牌副总裁斯图尔特·福斯特（Stuart Foster）说得很清楚。"我们真的把饼干看成是表示我们的热情的标志，而且是一个非常杰出的标志，很多品牌都没有这样的标志。"福斯特告诉我们，"逸林度假酒店以其接待热情而闻名。我们是一个热情的品牌。饼干是你将要获得的一系列热情接待时刻的第一个标志。逸林度假酒店致力于关怀文化和服务体验，我们的团队成员为他们所做的一切而倍感骄傲，我们认为这是让逸林度假酒店从同业中脱颖而出的方式，但是我们也很幸运，拥有这款饼干，这款饼干是几乎马上就会与大家产生关爱的标志。它就是拥有这种狂热的推崇。"

他注意到，这种狂热推崇不只是存在于房客之间。"喜欢它的不只是客人。团队成员也真正地团结到了饼干的周围，对它的喜爱程度与客人们不相上下，有时候甚至超过客人。"

饼干显然是品牌内部和外部的兴趣点，但是，作为话题引爆点和口碑开创者，所有这些饼干实际的作用有多好呢？非常好。

　　我们再次与受众调查公司合作，对那些在过去 90 天内住过希尔顿逸林度假酒店的客人进行调查，提出的问题跟我们在芝乐坊餐厅调查中的完全一样。

　　令人非常吃惊的是，几乎每 10 位客人中就有 7 位推荐希尔顿逸林度假酒店，理由就是他们很喜欢在酒店里获得的体验。

　　过去 3 个月里住过希尔顿逸林度假酒店的客人中差不多有 90% 的人说，在被问到有关酒店的问题时，他们曾经提及过这个品牌。

　　希尔顿逸林度假酒店的消费者也都会讨论在登记入住时收到的那块免费的热巧克力曲奇饼干这个话题引爆点。顾客中超过三分之一的人说他们对别人提及过饼干这件事。这让饼干这个区别元素排在"服务"和"干净"之后，成为第三个提及最多的特点。

　　与芝乐坊餐厅顾客提及最多的"菜品质量"情况类似，对"服务"和"干净"的偏爱当然是优质体验的指标，但是如果没有伴随着一个真正独特的条件，它们也只是普通的话题。很多旅馆都很干净。这只是独特卖点，不是话题引爆点。

　　当提供一份酒店特点清单给顾客考虑的时候，差不多有 70% 的希尔顿逸林度假酒店住客提及他们曾经谈论过巧克力曲奇饼干，只排在员工的友善（与送饼干的接待方式类似的一种特点）和舒适的床之后。（见图 2-2）

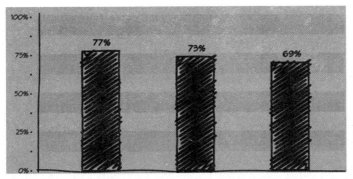

图 2-2 希尔顿逸林度假酒店
客户提及最多的品牌属性

酒店大床的话题性是众所周知的。事实上，尽管我们会认为，希尔顿逸林度假酒店是当今唯一一家拥有有意义的话题引爆点的大型连锁酒店（精品酒店中如毕业生连锁酒店也有一个很优秀的话题引爆点，我们稍后会讲到），其实其他酒店也都曾经尝试过，但是要么是没有能够产生出足够的话题，要么是没有能够守住初心。

例如：威斯汀连锁酒店几年来一直强调它的天梦之床，并且承诺提供具有话题性的更好的睡眠体验。遗憾的是，多家连锁酒店对睡眠技术砸下了大量的投资，让这个引爆点没有了脾气。一旦引爆点不再是一个区别点，话题引爆点就失去了其锋刃，变成一种像"菜品质量"和"服务"这样普通的优点。不是说这样的优点不重要，但它们没有强大到足以被记住，自然也无法被传颂了。

希尔顿逸林度假酒店也明白在一般和特性之间存在着的这种

差异。尽管饼干在被提及最多的特点中只排第三，但是，它们绝对点燃了最深层的激情。"在我们的社交媒体渠道上，所有涉及饼干的帖子都会让其他的所有事情黯然失色。大家就是喜欢它。"福斯特说。

比如，推特上这个简单的提示就收获了 6 000 多个赞，以及接近 700 次的转发：（见图 2-3）

（文字译文：在这家酒店里，我们用热饼干欢迎你。）

图 2-3　推特上简单的提示

住客贝卡·霍金斯·贝蒂（Becka Hawkins Beatty）用下面这个推文说出了饼干的重要性：

Becka Hawkins Beatty　　　　　　关注
@Rebelesq1
婚姻就是无论是否拿走了你的生命支持系统都一定要相信对方，但是，拿走那块赠送的饼干就不可以。
@逸林度假酒店

2017 年 11 月 23 日下午 9:59 来自俄亥俄州克利夫兰

这些支持的表述在线上和线下不断累积，最终促成了新的顾客。如果不出什么意外的话，话题引爆点会为你培养客户。在我们所做的有关话题引爆点的每一次演讲中，都会展示一张巧克力曲奇饼干的图片，让听众大声说出是哪家公司把它用作一个区别点。对饼干的认识无孔不入！

而且，在逸林度假酒店进行调研的过程中，当我们让参与者说说关于这个品牌他们记住了什么的时候，会有几十个人做出这样的回答：

"首先，哦，天哪，他们给你温热的美味饼干。而且我每次住在那里的时候，他们都很友善。"

使用话题引爆点的公司都具有竞争方面的优势。消费者的说法明显得到信任而且影响力巨大，在这样的一个时代，真正的问题是，"你承担得了还没有意识地而且从战略的高度使用话题引爆点的后果吗？"

我们的目的是帮助你在口碑问题上尽早下定决心——把它从一个天马行空的计划转变为由话题引爆点驱动的战略。我们希望你从杂乱的言辞转向坚定不移的口碑营销上。

　　我们已经给你展示了区别点如何推动对话的例子。然而，大部分企业采用的应对竞争的实际方法是"跟随领先者"，并复制那些别人用起来很有效的方法，而不是做那些令人记忆深刻的不同的事情。模仿的风险低，但回报也低。下面我们就来看一下，为什么会有"拾人牙慧很可悲（Same is lame）"的说法。

第三章　拾人牙慧很可悲

正如我们已经从对类似芝乐坊餐厅和希尔顿逸林度假酒店这样的品牌客户的研究中所发现的，有关菜品质量和房间干净这样的核心特征的对话会出现。然而，一个区别点要在首次讲述之后能够继续传播，它本质上必须更有意义。它应该是出乎意料的。它应该是一个值得一讲的故事，意味着它对听者必须有足够的意义，值得用时间来交换这段信息。我们与你素未谋面。但是我们知道你从来没有做过的事情是什么。这位读者朋友，不管是先生还是女士，你从来没有对朋友或者完全陌生的人说过这句话："让我来告诉你我刚刚经历的一次十分完美的体验！"

最好的故事，也就是最精彩而且最栩栩如生的话题引爆点，能让你的企业脱颖而出，这种方式不是通过提高消费者服务等级或者降低价格能够做到的。

人们通常会说，广告是一项由平庸公司支付的税。话题引爆点让你几乎能够完全地避开这项税，就像本书中提及过的芝乐坊餐厅、希尔顿逸林度假酒店以及很多其他的研究案例所证明的那样。但是，当企业只是盯着自己所属行业里最顶尖的那几家公司的时候，他们通常会看到那些缴纳出去的税，而且心安理得地认为那就是通向成功的道路。对此我们不敢苟同，尤其是在某个挑战者品牌寻求从某个类别的领导者中偷取市场份额的情况下，没有话题引爆点却怀有这样的企图心，就像脚踝上绑着保龄球做撑竿跳高。从严格意义上来说这也许能做到，但白白给自己增加了令人畏惧的而且完全没有必要的难度。

促成话题的最佳方式是拥有一个真正独特的卖点。毕竟，拾人牙慧很可悲。我们把对差异的讨论限制在生理学的范围内，并且不考虑平均的情况。

作家赛斯·高汀（Seth Godin）把这种情况称之为紫牛效应。这是打造真正有效的话题引爆点的关键，它会把这个关于你企业的故事从一个消费者推向数千位潜在的消费者。

为什么年轻的大卫·鲍威①会不顾一切地采用兹基·斯达达思特②的形象？或许他只是追求怪诞，但更为谨慎的解释是，他需要话题引爆点，而且知道那样会刺激出他所需要的话题，挑战那些业已形成的规范。事实上，《滚石》（Rolling Stone）杂志上的一篇关于发明兹基形象的文章说到，鲍威"想要像埃利斯·库珀（Alice Cooper，美国摇滚乐队，被称为惊悚摇滚的鼻祖）那样炫目和惊悚的表现。"

作为消费者，这很可能会让你产生出一种直观的感受。然而，我们通常不会在企业中强调标新立异，而且我们或许比以往任何时候都更加循规蹈矩。几乎所有的公司都在致力于消除可记忆的

① 大卫·鲍威（David Bowie），英国摇滚歌手——译者注。
② 兹基·斯达达思特（Ziggy Stardust），鲍威专辑中想象出来的外星生物——译者注。

区别点，对此你或许深有感触。大部分企业无法从口碑中获取最大利益，原因只是他们没有提供足够的原材料供顾客谈论。简言之，就是故事不够好。

缺乏差异，就把巨大的压力放到了你的财务上。当你未能拥有一个有意义的体验差异点的时候，不仅得以增加广告支出的方式支付平庸税，而且让你更难从自己提供的产品里获得任何形式的溢价。

如果产品没有话题，那么，成本就成了能够拿出来比较的唯一基础。"消费者总要找到一个与众不同的点。因而，如果你没有能够以杰出的方式给他们总结出一个不同点来，他们将会去找那个可能最糟糕的区别点：价格。"主题演讲人兼差异化咨询顾问司科特·麦凯恩（Scott McKain）在他的著作《创造差异》（*Create Distinction*）中写道。他接着又补充说，"与众不同、脱颖而出、在一片同质化的海洋中获得关注，对于一个企业的持续增长和盈利能力来说至关重要。"

当今的商业智慧通常受制于全方位提升消费者体验的天条。一方面看，那是明智的而且令人羡慕的，因为糟糕的消费者体验和消费者服务消耗了忠诚和消费者留下来的意愿。关于这种情况，杰伊·巴尔写了一本名为《拥抱仇家》的书。但是，从另一方面看，专注于消费者体验的提升使创造并宣传真正与众不同的话题引爆点变得更加困难。这是因为加强消费者体验，考虑的是变得更好，而不是变得不同。正如作家兼动机问题演讲人莎莉·霍格斯海德（Sally Hogshead）所说，当涉及口碑的时候，"差异胜于更好"。

当今提升消费者体验的狂热对话题引爆点开发的干扰程度有多高？简直太高了，原因在于95%的领导者都在说，提供良好的消费者体验是他们最优先的战略选择。他们中有四分之三的人都想把消费者体验当成一种竞争优势。

这是个问题。他们没有能够搞清楚的是，提升消费者体验不是一种竞争优势。如果大家的菜品都很好，那你的优势何在？如果大家都有好的服务，那你的服务能够好到成为吸引潜在消费者的决定因素的程度？不可能。

我们在这里强调，人们能够而且也应该同时感到既满意又吃惊。希尔顿逸林度假酒店每天都在这样做。产品是伟大的，而且每个人都得到一块饼干。这里考虑的不是有关获得好的消费者体验，而是获得一个话题引爆点的问题。你首先应该拥有好的消费者体验，这样你就不会再像竹篮打水一样失去那些满心沮丧的消费者，然后，一旦操作间布置就绪，就能全心全意地扑在打造促成话题的话题引爆点上。

到了这个时候，话题引爆点似乎就应该很抢手了——对营运和市场营销方法的有趣放大，以自己的方式促成一些增量消费者。但现实的情况是，话题引爆点的重要性远胜于此。事实上，一个有意义的区别点的存在方式，可能意味着整个企业在成功与失败之间的不同。

芝乐坊餐厅考虑的是餐饮创新。其话题引爆点，一份巨大的菜单，放大了这种属性。希尔顿逸林度假酒店考虑的是热情接待。其话题引爆点，在登记入住时的一块饼干，放大了这种属性。

话题引爆点会有效，是因为消费者察觉到它不同于自己的期望。但最好的话题引爆点发挥作用，是因为它们浓缩了组织机构的精华。从这个意义上说，话题引爆点不属于市场营销的范畴。当然，话题引爆点创造出了市场优势，但是，那些市场优势不是一系列空洞的口号。

正如伊曼努尔·罗森（Emanuel Rosen）在《口碑再剖析》（*The Anatomy of Buzz Revisited*）一书中所说的，"最好的口碑不是来自于油嘴滑舌的公共关系或者广告，而是来自于产品或者服务自身所固有的属性"。

现实的情况是，大部分着力于打造差异化的人都没有做到这一点。我们把自己局限在那些不会产生任何共鸣的递增发展和独特卖点上。打造出包含有足够的意外，以造成话题的引爆点已刻不容缓。不然，还能有什么别的好办法？

我们知道这很困难。如若不然，为什么要撰写（或者阅读）这本书？我们将会在下一章里讨论更多有关变得杰出（要真正值得瞩目）的话题。

但部分问题在于，"做到与众不同"通常会被认为不需要关心也不需要培养。大部分企业都满足于让口碑自然发生，期盼着随机产生的推介会以足够的量在足够大的范围内出现，以支撑起这些内容。《如何让你的产品被快速口口相传》中所介绍的这些企业采用的是与此完全相反的方法。他们有意识地投入到口碑工作中。我们有计划也有目的。

这就是口碑与口碑营销之间的区别。正如泰德·莱特告诉我们的："口碑只是说。口碑营销是对那些说法进行组织，并以某种具体的方式来促进它。口碑营销是有目的地去做某件事情。"

在这些内容里，我们描述了一些最优秀的组织机构，这些组织机构的话题引爆点最为有效，消费者会由衷地说："简直难以相信，当……的时候，我身上发生了什么。"这些组织机构坚定地认为，拾人牙慧很可悲。对他们来说，与众不同是公司文化的一部分，或许这就是为什么他们不把与众不同当成一种风险的原因；与众不同就是他们是谁以及他们是什么。

这听起来完全就是在讲温莎旺。

温莎旺木材公司

莎莉·霍格斯海德说："在最不炫目的类别里的那些品牌拥有成为最炫目品牌的机会，因为相对而言，门槛对他们来说简直太低了。"

这个名为温莎旺的由家族拥有的特种木材企业每天都在证明着她这个说法的准确性。温莎旺位于加利福尼亚州的佩特卢马，在我们所研究过的所有企业中它可能是拥有最具战略性和有效性的口碑营销规划的企业。它当然是我们至今遇到的 B2B（企业对企业）口碑中最具综合性的例子。

既然说到了这里，如果你对高效口碑营销和话题引爆点的企业有什么想法和例子的话，请随时发送电子邮件至 JayAndDaniel@TalkTriggers.com。我们对新的故事总是翘首以盼！

创建于 1972 年的温莎锯木厂（现为温莎旺木材公司）生产用于家庭和商业建筑上的高端板材。其产品线以温莎旺为商标，在美国生产，目标用户是那些愿意为高品质支付溢价的认真执着的木匠。

以芝乐坊餐厅有优质菜品，希尔顿逸林度假酒店有舒适的床同样的方式，温莎旺木材确实制造出了优质的木线条。这种产品可能是市面上的同类产品中最好的。但是，成为非常好的，甚至是成为最好的，并不意味着就一定会有话题。这不是个故事，而只是一种属性——就像一本书里的黑体字。它能建立忠诚度，但促成不了对话。

温莎旺知道要想玩转口碑，自己需要的不只是品质，尤其是在经济环境严峻的情况下。

市场营销总监布莱恩·邦特（Brian Bunt）解释说："从根本上说，2007年和2008年，住房市场崩溃了，我们不知道市场营销该怎么做，因为我们负担不起愈加昂贵的广告和行业出版物。而且大规模的市场混乱状况还在持续。我们参加了安迪·赛诺维孜举办的一场关于口碑营销的讲座，而且我们有了一些想法。"

最初的计划之一是鼓励消费者致电公司领取一件免费的T恤衫。在以前的很多年里，温莎旺一直用一颗印章在每块板的背面盖上生产日期和一句提示语"每一刀都恰到好处"。邦特和他的团队调整了一下印章内容，其中包括了一句新的话"致电科特领取衬衫"，并提供了免费电话号码。

科特·威廉姆斯（Kurt Williams）是公司里一位电话销售的销售代表，他以对穿着苏格兰短裙痴迷而闻名（当然也还有其他的原因）。威廉姆斯的工作中，50%是销售，25%是客户维护，25%是形象代言。他是T恤话题引爆点"焦点"人物的不二人选。

为了领取免费衬衫，消费者在看到板材背面的电话号码后给科特打电话。在通过电话交谈确认邮寄地址和衬衫尺码的过程中，科特与消费者讨论起了公司的新产品，产生出了特殊板材订单的巨大增量，很多消费者甚至都没有意识到这些产品是由温莎旺提供的。

"我们为整个团队额外赠送衬衫。掩藏在后面的目的是在现实中的木材堆场中创造出下游的需求，承建方会在那里购买温莎旺的产品。科特将会了解到他们从哪家木材堆场购买，也会知道他们接下来要干的工作，以及会需要到哪些产品。"邦特在一次采访中说。

这个计划最好的元素之一是，它开始自主传播，因为建造商发现了它，并告诉了他们的朋友和同事。科特会要求致电者拍照，并把照片传回温莎旺。大部分承建商会等收到衬衫后，在工作场所拍照。邦特的团队把这些照片添加到公司的《板材背后》的博客上，博客访问量每一周都会暴涨 10 000 以上。

温莎旺木材公司的首席执行官克雷格·弗林（Craig Flynn）解释了该计划是如何既为公司赚钱，又为公司省钱的："我们没有在广告上花费 2 万 ~3 万美元，而是让大家给我们打电话。他们给我们打电话，获得一件衬衫，然后我们会说，'啊，顺便提一下，你知道我们也生产 X。我们也生产 Y？我们也生产 Z？'这些家伙会奔走相告，告诉他们的朋友，'哎，这就是那个叫科特的家伙。拨打温莎旺上的这个 800 电话，能领到衬衫哦。'"

弗林说，最初很多人持怀疑的态度。建筑工人给公司打电话，他们认为那就是个玩笑。"我的意思是，哪家公司会做这种事情啊？"他问。

温莎旺潜在消费者的总数并不大。在美国，木匠就是那么多，而接触由温莎旺生产的高端特种木线条的就更少了。尽管是一个如此局限的市场，致电科特领衬衫的话题引爆点从项目开始之日的2009年，到项目暂停以测试以锯木厂经理为目标的口碑项目的2015年止，一共产生了18 752个电话。该项目现在又重新启动了。

这意味着送出了多少件衬衫？超过15万件，其中包括在贸易展览会上分发的，再加上"致电科特"项目上的。

"我们之所以会考虑这个花小钱办大事的市场营销方案，是因为我们只需要简单地把这颗小印章加盖到板材的背面。所以，我们有两种选择，一种是花25 000美元做个广告，收到40个反馈，另一种是，有人打来电话然后我们寄送衬衫和产品目录及样品，事实上这两种方式我们都得寄。如果有人看了广告打电话进来，你还是需要给他们寄样品。你仍然得派个销售人员去跟进他们，所以，实际上真正不同的唯一一点就是衬衫会让他们告诉朋友。我们来自广告的每次引导成本大约是400美元。这个项目的每次引导费用是免费的印章和几件衬衫。"弗林解释到。

温莎旺过去依靠广告和产品目录来产生需求。间接地，衬衫也做了同样的事情，而且只会做得更好。罗宾·菲利普斯（Robbin Phillips）和她的合著者应该深爱温莎旺。他们在《激情对话》（The Passion Conversation）一书中写道："不要制作宣传册，请创作对话工具。当涉及这个问题时，时刻牢记少即是多。考虑某种简单的东西，比如价格低廉的T恤衫。考虑一件印有'雪耻'的T恤衫将如何引发一场对话。一件手绘绝版的'反健身'T恤衫印上你的名字引发一场对话。当涉及故事的时候，也是少即是多。短小的可分享的故事是王道。"

"致电科特领衬衫"的秘密之一就是衬衫本身具有可谈论的特点。它们不只是印上温莎旺的标志。那样能有什么好玩的？相反，它们解读知名标志和文化模因，迎合建筑者和匠人们喜欢的口味。

邦特说："我们想把这些衬衫搞得让大家在工作场所之外也想穿，这也使我们颇费脑筋，因为必须是那种他们在家的时候也真正想穿的东西，而不能是'哎，我今天要去粉刷房子。那我就穿上这件廉价的衬衫，一旦弄坏了就可以随手扔掉。'"

口碑发挥作用了。它以来自当前消费者的各种对话作为燃料，创造出了新的消费者。但是，大部分公司还没有一个战略，没有有意识地创造话题。这是口碑与口碑营销之间的不同，而温莎旺告诉了我们这个不同有多重要。

你有个选择。每个企业（以及个人）都有同样的选择。你可以尝试不断加码，比竞争对手做得更好，并希望消费者注意到而且真心诚意地说点什么，尽管一般来说他们什么也不会说。要么就接受"拾人牙慧很可悲"的理念，创建像"科特的衬衫"这样的话题引爆点，把消费者变成自觉自愿的营销人员，通过面对面以及在线推荐的方式吸引新的消费者。

　　但是，也不是什么样的想法都具备成为话题引爆点的资格。

　　在全世界范围内进行考察的过程中，我们列出了 4 个标准，任何具有可操作性的区别点要想发挥话题引爆点的作用都需要满足这 4 个标准。我们将在第二部分逐一学习每一个标准，同时还会看到包含着这些标准的企业的精彩案例。

第二部分

4 步自查标准，锁定吸引客户的关键因素

我们已经讨论了口碑的重要性。要切实地拥有促成对话的战略，而不只是想当然地认为消费者会充分地谈论你的企业。这样做如此至关重要的原因我们已经讲得很清楚了。而且也知道了为什么"拾人牙慧很可悲"，以及真正不一样的力量如何刺激出话题来。

现在，我们将做更进一步的挖掘，精准地探讨什么是话题引爆点，以及什么不是话题引爆点。就像猫王（Elvis）那样，总是有很多堪称话题引爆点的模仿者，他们的相似程度和效用程度却有着天壤之别。

本书的后面部分将重点介绍引爆话题的操作体系。

在第二部分，我们为你总结了作为话题引爆点的所有区别点都需要满足的 4 个标准。每一次，所有这些标准都必须满足。拥有这个框架你的工作会变得容易很多，不仅可以在自然环境下识别出话题引爆点，而且也能在需要的时候建立自己的话题引爆点。

并不是所有区别点都能产生效果。骑在鸵鸟上的牛仔是"不一样的"，但是这能为下游的业务创造优势吗？或者就只是一件奇闻逸事而已？借用刺脊乐队（Spinal Tap，美国电影《摇滚万岁》中杜撰的一支乐队）那句名言："愚蠢与聪明之间就是这样一条很细的线。"

话题引爆点操作体系

4步自查标准，锁定吸引客户的关键因素

5种类型，彻底点燃客户狂热

6步操作法，落实每一个执行细节

然而，在介绍标准之前，我们想确认一下你是否清楚，能让所有人都喜欢的区别点是不存在的。毫无疑问，真正的话题引爆点会打造出能够带来新客户的口碑。你已经看到了它在芝乐坊餐厅、希尔顿逸林度假酒店以及温莎旺木材公司案例中所发挥的作用，而且你会在本书里遇见更多的企业界人士，他们正在利用口碑推动着自己企业的发展。

但是，再好的口碑战略也会遭遇几个聋子。这不见得就是话题引爆点的质量不高，而是存在这样的情况，某些消费者就是不喜欢与众不同的东西。

在与受众调查公司合作进行的研究中，我们就受访者注意到而且认可的各个公司之间的运行差异提出了一系列的问题。我们问他们同不同意这样的说法，比如，"最好的公司都有一些独特的东西作为他们消费者体验的组成部分"，以及"我一直支持的公司都会提供某些真正与竞争对手不同的东西"，还有"关于最好的公司、产品和服务，大家都会问我的意见"。

在对数百个反馈和数千个数据点进行分析后，我们发现，消费者很自然地分成了4个组：独特性寻求者、体验顾问、基本粉丝以及怀疑论者。

消费者的 4 个组别			
喜欢与他人分享自己的体验。更喜欢主动地推荐品牌，而且会通过社交媒体来实现。	22% 体验 顾问	25% 独特 性寻 求者	明确地找出那些提供某种独特性的品牌，并保持对这些品牌的忠诚。他们对这些公司具有很高的期望。
更倾向于相信公司想要与众不同的尝试都是一些花招，真正的差异很少存在。	30% 怀疑 论者	23% 基本 粉丝	对公司持续提供伟大产品或服务的关注要高于对提供某种独特东西的关注。

1. 独特性寻求者看重、欣赏而且支持那些致力于做出某种与众不同事情的公司。

这个小组没有什么特别的年龄或者性别特征。他们就是在寻找差异点，并想要谈论这些差异。这个组别中 61% 的人曾经主动谈论过芝乐坊餐厅或者希尔顿逸林度假酒店，有线上的也有线下的，下面的图表显示了独特性寻求者对差别点有多看重，而且把与众不同看成是一种商业原则（答案在 7 分评分表上）。

独特性寻求者	陈述	所有受访者
6.1	最好的公司都有某种独特的东西作为他们公司运营的组成部分。	4.9
5.9	我喜欢继续跟那些在做生意的方式上有真正不同之处的公司打交道。	4.7

（续表）

独特性寻求者	陈述	所有受访者
5.6	在我认为自己成为一个得到完全满足的消费者之前，需要有家公司能够超越我的期望。	4.6
	基于7分评分表的陈述。	

2. 体验顾问对差别点的重视从个人角度看比不上独特性寻找者，但是他们远比其他组别更喜欢谈论并且提出有关品牌的问题。他们说不那么喜欢，但实际上谈论得更多。他们就是对口碑表现得最积极主动的那部分人，这不一定是因为他们喜欢区别点，而是因为这样做能让他们对自己和自己的专业知识有更好的感觉。

这个小组里四分之三的人会主动参与到口碑传播中，下面的图表显示了这个小组想把自己的体验告诉他人的愿望有多迫切（还是基于7分评分表）。

体验顾问	陈述	所有受访者
6.3	我很喜欢别人询问我对公司、产品和服务的体验情况。	5.4
5.5	我在尝试新的公司、产品或者服务之前常常会征求其他人的意见。	4.9
5.6	大家会找我咨询有关最好的公司、产品和服务的问题。	4.6
	基于7分评分表的陈述。	

体验顾问有很大的可能性会是女性。这个小组中71%的人是女性，与此相比，独特性寻求者中的这个数字是53%。

还颇值得一提的是：体验顾问的年龄比其他小组要更加年轻，他们中半数人的年龄在35岁或者以下，有意愿表达自己的意见，尤其是在社交媒体上，这是千禧一代的共同特质。

3.基本粉丝是最喜欢USP（独特卖点）的那一群人。他们更在意消费者体验的品质而不是独特性，而且比独特性寻求者或者体验顾问更少参与到口碑的传播中。相较于"不一样"，他们更喜欢"优良"。他们的年龄也稍稍偏大，这个小组中将近一半的人年龄都在45岁或者以上。

4.最后一个小组，怀疑论者，对于任何区别点的概念几乎都怀有敌意。他们在芝乐坊餐厅和希尔顿逸林度假酒店的复合消费者基数中占了30%，有更多的人持这样的观点："通常情况下，当公司想要提供某种独特的东西的时候，与其说能真正改善我作为消费者的体验，还不如说更像是在耍什么花招"。

甚至更为严重的是，这些话题引爆点的怀疑论者非常有可能认同下面的这种说法："公司应该尽量少关注如何不一样或者与众不同"。怀疑论者中，差不多每10人中有6人是男性。

尽管话题引爆点战略有必要以独特性寻求者和体验顾问为目标群体，但是也不要忽视基本粉丝和怀疑论者。正如你将会在下一章中看到的，尽管怀疑论者说他们痛恨差异，但这种情况也不能阻止他们谈论你的企业。无论他们是寻求者、顾问、粉丝还是怀疑论者（或者说，可以肯定，你的基础消费者群体绝对是由所有这些群体组成），只要他是消费者就可能会谈论你，网络上会谈，当面也会谈。

话题引爆点的目的是为了让这样的交流能比在其自然发生的情况下发生得更为持续而且精彩。话题引爆点让口碑做到有的放矢，而不是放任自流。

要做到这一点，操作层面的区别点需要符合下面这4个标准。所有话题引爆点都应该：杰出、相关、合理而且可重复。

4步自查标准，锁定吸引客户的关键因素	
必须杰出	必须相关
必须合理	必须可重复

下面我们就讨论一下第一个标准，它或许是4个标准中最主要的而且也是最基本的一个：需要很杰出。

第四章　杰出而不只是"好"

在我们从事咨询活动的工作实践中，经常会看到符合这些标准的企业。公司都想要成长，但是又都怀有这样的信念，认为做一些不同于自己同行业内其他企业的事情，从某种程度上说与该目标背道而驰，尽管事实上反面才是正确的。

汽车公司总是以这样的方式做出错误的判断。"我们造出了3辆汽车，它们95%的地方完全一样，但是我们改变一下保险杆和车灯，名字顺便也变一下。哇！我们马上就有了3种新的型号，尽管这在设计和生产上还是需要做一点点额外的努力。"这其实谁也糊弄不了。

他们为什么会做这样的事情？通常是因为他们想要复制竞争。这是一种自我束缚的做法。

哈佛商学院教授扬米·穆恩（Youngme Moon）在其著作《差异化》（Different）中写道，商业界通过引发竞争来建立规范："竞争和规范总是像兄弟般紧密相连，理由很简单，只有所有人都面对着同一个方向，赛跑才有可能出现。"

但并不只是对竞争的渴望才能从差异化的机会中挤压出空间来。单只是运营上的竞争就足以激发出话题来，这也是一种获得广泛认同的信念。

　　其实不然。要想成为话题引爆点，杰出是差异点首先必须满足的条件，而且这意味着它必须是值得被关注的。它必须是一个值得去讲的故事。韦氏词典对杰出的定义抓住了这个点："值得或许会被注意到，尤其是不同凡响或者异乎寻常。"

4步自查标准，锁定吸引客户的关键因素	
必须杰出	必须相关
必须合理	必须可重复

　　记住，大家很少会对那些正好合适的体验进行讨论。在口碑产生的这个语境下，"好"就是一个字。（是啊，它一直就是一个字，但是你应该知道我们的意思。）

　　然而，尽管这颗星球上所有的企业都具备同样的杰出潜能，但是却很少有选择变得不一样的企业。

　　或许是因为变得杰出会带来这样的风险，让你真正地脱离潜在客户中的某一类。有时候，区别点就像脖子上的刺青，它肯定很杰出，但是并不能讨所有人的喜欢。

　　例如：纯素食者不会为了自己不可能吃的一块饼干而一窝蜂地跑到逸林度假酒店（尽管该品牌出于这个理由目前正在试制纯素的代用品）。

　　"无论何时，只要你选择走另一条道，就可能会背离一些人。他们的期待是，这个行业就应该是这个样子，如果稍有出格，就会让某些人不感兴趣。但是，对于很多成功的品牌来说，他们成功的秘密之一就是不喜欢他们的人与喜欢他们的人一样多。"约翰·詹特什说。

具体到话题引爆点，怀疑论者或许会认为你想要变得杰出的努力就是矫揉造作或者不务正业。

然而，令人惊奇的是，在调查中，这些怀疑论者对逸林度假酒店和芝乐坊餐厅的推荐，其频度与那些喜欢不一样的人一样高。在怀疑论者如何谈论逸林度假酒店的饼干或者芝乐坊餐厅的巨大菜单与非怀疑论者如何做同样事情之间，实际上并没有什么太大的差异。

做到杰出是如此有效，以至于它促成了那些疯狂地认为做到杰出没有任何影响的人也在谈论你。这就像一位迈克尔·杰克逊的模仿者拒绝承认迈克尔·杰克逊是一位时尚影响者一样，他或许相信它的真实性，但是行为表现却是另外一种。下面的图表显示了与总的消费者基数相较，怀疑论者谈论芝乐坊餐厅与逸林度假酒店的频度。请注意，他们这样做的可能性从根本上说是同样的，无论是没有提示的（询问，"关于……你说过什么？"）还是有提示的（"你是否曾经说到过巨型菜单？"）。

怀疑论者与所有受访者比较 以全部消费者为基础	怀疑论者	总人数
芝乐坊餐厅菜单规模（无提示）	33%	37%
芝乐坊餐厅菜单规模（有提示）	59%	57%
逸林度假酒店热饼干（无提示）	35%	34%
逸林度假酒店热饼干（有提示）	65%	69%

所以，不用害怕怀疑论者。他们或许会说不喜欢你，但是他们仍然会谈论你——甚至在你的产品还不是那么杰出的时候。

举个例子，零售银行一般来说并不是一个以博眼球为主要区别点的商业类别。毕竟，大部分银行都履行着几乎完全同样的功能，而且在一个差异幅度非常窄的范围内运行。但是，乌姆普夸银行不同。它有一个话题引爆点，只需要安静地坐在桌子边，这个话题引爆点就会促成对话。

乌姆普夸银行

乌姆普夸银行就是不怕与众不同。事实上，这是它自己基因中的一部分。成立于 1953 年的乌姆普夸银行，总部位于美国俄勒冈州波特兰市，分支机构超过 300 家，位列美国最大的 50 家连锁银行之列。

在前首席执行官雷·戴维斯（Ray Davis）于 1994 年到任的时候，这个品牌开始了对差异化的追求。这位来自亚特兰大的标新立异的银行家，试图彻底颠覆零售银行的固有概念。

"在将近 20 年的时间里，我们一直专注于打造差异化的银行体验，这种体验聚焦在这样的想法上，就是银行需要以不同的方式营运以便保持相关性。"戴维斯在 2013 年的一篇文章中这样说。

走进乌姆普夸银行的营业场所（这家银行称之为"店"），是一次有着明显不同感受的体验。跟比邻你家的沃尔玛卖场（Wal-Mart）没有什么不一样，每家乌姆普夸银行店面都有一位迎宾的人，欢迎每一位顾客或者潜在顾客，把他或者她引导到相应的地方。整个店面的安排都以该区域内的当地企业为中心：各种信息墙；一个出售周围企业产品的零售中心；一块交互式的发现墙（Discover Wall）触摸屏，上面播放着数字化的金融工具以及产品信息，另外，还有本地艺术家制作的视频。

正如你或许已经想到的，消费银行业务的客户不再像过去那样频繁地光顾实体场所。乌姆普夸银行却通过把去一趟附近的乌姆普夸银行支行变成一种体验而不是差事，逆势而行。

在每个乌姆普夸银行营业点，最杰出的店内体验，也就是话题引爆点，就是一部银质的电话机。但它不只是一部电话。这部特殊热线能够让任何顾客按下任意一个键后直接接通银行行长。这个行长不是分行的行长，而是管理整个乌姆普夸银行体系的首席执行官。这个人就是雷·戴维斯，一直到2017年他就任执行董事长之后，该职位才由科特·奥哈沃（Cort O'Haver）接任。

银行及其顾客发出的推文证实了该热线多么有价值。

乌姆普夸银行　　　　　　　　关注
@乌姆普夸银行
　是什么让我们与众不同？每家乌姆普夸银行店面的营业场所都有一部电话，你可以用它直接致电首席执行官雷·戴维斯。
- TeriLou

2009年6月22日下午1:37

Adrian Simpson　　　　关注
@AdieSimpson
在乌姆普夸银行，任何一位顾客都可以走到他们 400 家店中
任何一家的银质电话机前按 1 键与首席执行官通话。太棒了。

2017 年 9 月 28 日上午 1:13

"为什么要躲着你的顾客？"乌姆普夸银行发言人伊芙·卡拉汉（Eve Callahan）问道，"如果可以敞开大门让别人找到你，你就应该让人家找到。现在，这就是一件我们认为真的比任何时候都更加重要的事情。大家越来越觉得很难再信任他们的银行，而我们想知道顾客的反馈，而且我们就在这里回答那些问题。"

如果奥哈沃在办公室，他会接听电话，这通常会吓到那位按下按键的顾客，这说明他们其实只是想看看这种说法是真的还是噱头。这是真的，而且创造出了对话。

但是，不要以为打造差异化只是大公司的事。事实上，在初创企业里，差异化运营会更加容易，正如杰伊·索福（Jay Sofer）所发现的那样。

开锁匠公司

2008 年，杰伊·索福是一位 29 岁的失业者，住在母亲家的车库里。3 年后，他成了整个纽约城里 Yelp 评分最高的开锁公司开锁匠的老板。

开锁匠公司的话题引爆点在 Yelp 网站、线上和线下的所有地方建立起了口碑。良好的口碑，再加上很多的竞争者不是那么讲信誉，让他的生意很快就出现了暴涨的情况。

"在纽约城里，不用费什么事就能够遇到曾经被开锁匠人坑过的人。我接到的最悲惨的电话来自这样一个人，他说他们刚刚把锁换了，但是要重新再换一把，因为他们不相信之前替他们换锁的那个人"，索福这样告诉我们。

与乌姆普夸银行一样，开锁匠公司提供了与其他开锁匠人的做法存在着本质区别的顾客体验。例如：公司提出的预算说一不二；夜间、周末和救急服务的收费明码标价；所有的锁以及装锁的工时费都按统一的标准定价。索福的锁的价目表甚至更能体现出他自己特有的那种穿透性的定价体系（如下表）。

对于企业来说，把价格提前告知消费者似乎是显而易见的事情，但是，在开锁这个行业内，这样的情况则非常罕见。

389 美元	妈妈最爱锁：安全首选，抗撞击锁体，带有防撬螺栓和防护板 　　担心孩子独自生活在纽约城吗？知道妈妈最爱的锁具装好了，就能睡个安稳觉了。看看它有多少种特点？这就是妈妈爱它的原因。本锁具将保你孩子房间的安全。现在只需要考虑如何保持它的洁净……
359 美元	无忧锁：多重锁芯，顶级护卫 　　或者 429 美元（带螺栓）。这就像在你的门上栓了条德国牧羊犬。该锁巨大的外观，让入侵者和不怀好意者望而生畏。极度的视觉威慑会让小偷不得不去另寻一个目标。这把锁会对坏人说：离我远点。
429 美元	疯狂的前夫锁：多重 T 型锁芯，或者美迪科管型螺栓 　　杰伊最喜欢的一把锁。他曾经亲自测试过，当时一位疯狂的前夫试图打破其前妻的房门，这把锁却纹丝不动。甚至《闪灵》(The Shining)中的杰克·尼科尔森（Jack Nicholson）都奈何不了这个"坏小孩"。

"大部分的锁匠都会对你漫天要价，尤其是当你被锁在外面的时候。他们在电话上跟你说的是一个价，但是当到达现场后，情况全变了，忽然之间你必须支付的钱远超出当时说好的那个价格。在开锁匠公司里，我们不做这样的事情。我们不会乘人之危，我们会说出一个公平的价格，并且坚持这个价格不变。"索福在他的网页上这样写道。

索福和他的团队还免费给所有的锁具上油，不只限于他们装的那些锁，而且每次工作时都要做安全性检查。

开锁匠公司的消费者体验自然得到了改善。它处理业务的方式本质上说不属于话题引爆点的范畴，这种做法还没杰出到足以创作出一个故事来的程度。但是，索福对动物的喜爱，以及对动物福利的全情投入……这是一个故事。

当索福挚爱的狗死去的时候，纽约救助机构可爱狗狗救助站是能够接受他捐赠用过的狗链、项圈、碗和玩具的唯一一个机构。这催生出了一种关系，打造出了一个话题引爆点，并且在开锁匠公司的客户间传颂。

"我很幸运，大部分的顾客在我这里的体验都不错，还会给我小费，而且这些小费其实还不少。"索福告诉我们。"我很快就不再需要靠小费生活了。"

索福开始将他收到的小费中的大部分捐赠给可爱狗狗救助站。"我捐赠的理由很自私：这样做让我感觉舒服。"他说。

开锁匠公司在其网站上添加了一条关于小费捐赠计划的说明，而且索福也开始将这个计划告诉他的顾客。一位在深夜需要救助的顾客对索福的工作以及捐赠计划很满意，并就此事写了一篇博客文章张贴在网上。这个数字化的口碑被热播电视剧《生活大爆炸》（The Big Bang Theory）的主演威尔·惠顿（Wil Wheaton）注意到了。惠顿在推特上转发了这篇帖子，然后，索福的可爱狗狗救助站这个话题引爆点就像病毒一样迅速传播开了。

索福在 Yelp 上具有将近 400 个 5 星好评，在这些好评中溢美之词随处可见，包括来自我们最喜爱的钱特尔·D.（Chantell D.）的评论，她写道："我很想再次被锁在外面，让我能够再一次打电话给开锁匠公司，是不是很奇怪？是的，我的体验就是那么棒。"

大部分评论都提到了可爱狗狗救助站项目。

为了提高可爱狗狗救助站这项工作的影响力，索福最近成立了一家以慈善中间人为目的的非营利组织，叫作社区钥匙。

索福要吸引 100 家纽约的小企业，说服他们每个月捐出 10 美元，大家一起改善这个城市。社区钥匙把这些捐款集中起来，由参与的企业共同决定把这些钱投向哪里。

"这就是应该做的事情，"他告诉我们，"这是一种级联效应。如果你做好了，它接下来会为大家带来更多的好事。"

成为一位伟大的银行家或者一位杰出的锁匠是一个值得去奋斗的目标——而且，会得到比成为一个平庸的银行家或者一位平庸的锁匠更好的商业成果。但是，要解锁由口碑直接带来的 19% 的购买力，你就得超越平庸，追求杰出。

Sheila M.	★★★★★ 2017 年 3 月 28 日
纽约哈德逊河畔黑斯廷斯	在经历了史上最糟糕的开锁体验之后，我获得了史上最好的开锁体验。
好友 22	如果你住在纽约城或者周边地区（包括维斯特切斯特），就找这家公司。
评论 11	在提出报价要求之后的几分钟之内，杰伊就联系了我。不到 1 个小时，就按照我那古怪的日程安排约好了时间。他以快得难以置信的速度帮我换了锁。我们谈论了我刚遭遇的骗局，以及我还可能采用的其他途径，还有他在这几年里联系过的非营利组织。
分享评论	
Embed review	
赞	他还把所有的小费捐给了可爱狗狗救助站。杰伊甚至还给了我一封信，让我交给信用卡公司，帮助解决与上一家开锁公司之间的收费争议。我感觉为了修锁在与骗子周旋了一周之后终于可以喘口气了。
发送短信	
加 sheila M.	诚心说，好得不能再好了。

　　乌姆普夸银行的热线电话和开锁匠公司给可爱狗狗救助站的小费捐赠都很杰出，这就是为什么说它们是讲故事的话题引爆点，而不只是属于不错的特性。

　　但是，杰出并不是让一个区别点成为话题引爆点的唯一标准。这个区别点还必须相关，关于这个问题，你将会在下一章中看到。

第五章　与核心业务紧密相关

要是话题没有以某种显而易见的方式与你的核心业务联系起来的话，在消费者中引发对话又能有什么意义？还记得希尔顿逸林度假酒店是如何把入住时的热饼干说成是代表他们热情好客承诺的表示吗？或者温莎旺的免费 T 恤衫是如何赞美工匠的重要性的？

很多市场营销人士在其口碑计划中忽视了相关性的重要性，而且往往有过之而无不及。例如：B2B（企业对企业）公司，尤其是那些处于科技领域内的，过去都曾经开展过针对客户的某种类型的竞赛。给这些竞赛的获胜者颁发的奖品几乎无一例外都是一部 iPad，这简直太不可思议了。

下面是那些应该以一部 iPad 作为奖品的公司的完整名单：

◎ 苹果公司

◎ 电信企业

◎ 大型的电子产品零售企业

仅此而已。上面就是全部的企业名单了。如果你的公司跟 iPad 没有任何关系，那你为什么要花自己的时间、金钱和精力去围绕某种与自己产品和服务毫不相干的东西制造话题呢？

4步自查标准，锁定吸引客户的关键因素	
必须杰出	必须相关
必须合理	必须可重复

作为一个区别点，话题引爆点必须是相关的。它应该支持更大范围内的公司定位和目标。它必须在你做什么、你是谁以及你代表什么的这个范围内发挥作用。下面我们来看一下，一家由家族经营的游乐园如何采用超级相关的一系列运营选项制造话题，同时也改善了顾客的体验。

假日世界与水上乐园

印第安纳州圣诞老人镇在杰伊·巴尔的家以南93英里的地方。在这个镇里有四样东西很有名，其中三样都是粮食，第四样是假日世界与水上乐园，这是世界上最早的一个由家族拥有的游乐园和水上乐园。

这个被美国印第安纳州埃文斯维尔的企业家路易斯·科赫（Louis Koch）作为自己的退休项目的游乐园，从问世之日算起，赢得的金票奖（主题公园行业的奥斯卡奖）可以装满一辆手推车，其中连续17年获得最干净公园奖。

最初促成该公园建设的是一个会令人误解的地名。印第安纳州这个叫作圣诞老人的地方让科赫感觉很是不解，因为孩子们发现这里的环境跟圣诞老人完全没关系后通常都会非常失望。这个公园最初的名称叫作圣诞老人乐园，其中有吸引力的地方包括玩具店、玩具展、有主题的旋转木马，当然还有圣诞老人。1984 年，公园进行了扩建，增加了万圣节和 7 月 4 日这两个主题，名称改成了假日世界。水上乐园是 1993 年新增加的。

科赫的假日世界与水上乐园还获得过业内人人向往的国际里斯伯格掌声奖，这个奖项每年评选一次，颁给"管理、运营以及创造性的成就，通过其远见、原创性以及健康的业务发展，激励了整个行业"的游乐园或者主题公园。

致力于卓越运营和顾客体验已经写入了假日世界与水上乐园的基因里，而且已经在里面存在了 70 多年。但是，它的话题引爆点打造于 2000 年，而且是由于本能的直觉而产生的。

已故的威尔·科赫（Will Koch）是公园创始人。"他曾经说过，'当大家都左的时候，我们要右'。他总是把那种情况看成是一个挑战。"交流总监宝拉·韦恩（Paula Werne）回忆道。"我们能够如何以不同的方式去做，以免落入俗套？"不能说因为别人都那样做，那样做就有什么错，但是，以什么不同的方式做能够让我们得到那样的关注，并让大家喜欢我们呢？

马特·埃克特（Matt Eckert）以负责公司财务的财务总监身份开始了他在假日世界的职业生涯。现在他是总裁兼首席执行官。他非常清楚地记得话题引爆点的起源："那是我来这里工作的头一天。威尔走进我的办公室说：'对，我有了这样一个疯狂的想法。我要开始赠送免费的软饮料。'我盯着他（提醒一下，这可是我的老板）然后说：'你蠢啊？'"

埃克特无法相信他的老板居然会愿意放弃软饮料上将近

100% 的毛利润。"但是，随着威尔的解释，"埃克特说，"这个想法让我比他还兴奋，因为这会让我们的游乐园显得与众不同（而且迄今为止还是如此）。这是一种当时还没有任何公园做过的事情，到现在依然是独一份。我们从中获取的利益是巨大的。"

这个做法让整个游乐园行业目瞪口呆。埃克特对此有自己的亲身经历。"我们这样做的第一年，当我们把这种做法沿用到行业展会上的时候，大家的反应都跟我最初的反应一样：他们会走到我们面前说，'你们蠢吗？在干什么啊？这可是有史以来最疯狂的事情了。'"

韦恩说，这与其说是疑惑，不如说是直截了当的敌意。"他们都怒了。我想是因为他们在心里意识到这种做法将会把我们整个行业放到风口浪尖上。我记得威尔说过，来自其他乐园的那些他很尊敬的人对他毫不客气，并且发泄了他们的怒气，'这简直疯狂得不能再疯狂了……'不是那种令人称羡的疯狂，而是咬牙切齿的疯狂，'这就是疯了。你想怎么样？你为什么要这么干？'"

但是，他们就这样做了，他们通过遍布在整个公园里的 924 座独立的服务亭，提供饮用水、佳得乐、咖啡、苏打水、冰茶等。在园区内的每家餐厅里，饮料同样也是免费的。

在游乐园里不用给家人购买饮料，在经济上的好处是很可观的。2018 年，六旗游乐园里可续杯的软饮料每杯价格是 14.99 美元。但是，对于假日世界的顾客来说，好处还不只是节省成本，而免费给假日世界也带来了意料之外的好处。

"回到 2000 年的时候，我们与顾客的互动，相当大的一部分是通过意见卡片和信件来进行。大多数情况下，如果有人要花时间来做这件事的话，那是因为他们不高兴。但是自从我们免费软饮料计划投入实施之后，无伤大雅的小投诉几乎不见了。他们不再抱怨。原因就是他们给自己补充水分了，总体感觉更好了。"

埃克特对这种说法是认同的。"这一年急救的报告数急剧下降，因为过去游客感觉过热的时候就会去急救站。"

该计划还意外地在垃圾处置上为公园省下了不少钱。"去主题公园，一般都会买饮料，然后你得去排队玩那些项目，那些还没有全部喝完的饮料，只好随手扔了。所以，会有大量沉重的液体垃圾进入垃圾箱。"埃克特解释说。

"我们采用的方式是，在数十个百事绿洲饮料点都配备较小号的杯子。父母可以过去给孩子接一小杯饮料，他们一定只取够孩子补充水分所需的量，不会接太多。所以，我们发现垃圾量也急剧下降。"

韦恩很喜欢免费饮料带给整个家庭成员心理上的好处。"我也一直在想，最好的一点是父亲不用再感觉自己像个吝啬鬼。能这样对孩子说，'想要什么自己拿。再加点别的什么；3 种或者 4 种不同的饮料'，而不用说，'好吧，我们去买一份 10 美元的饮料，大家一起分着喝'，这样的情况难道不好吗？一整天都不用对孩子说不行，对于父母双方来说都是很棒的事情，但是我总觉得父亲要更喜欢一些，"她说。

免费饮料是一个非常有效的话题引爆点。这个由家族拥有的，位于印第安纳州南部乡下的游乐园在猫途鹰网站上获得了上千条的评论，评论中直接提及免费饮料，其中包括了如下几个例子：

DaleS820 田纳西州棉花镇 评论：224 点赞：108	***** 点评于 2017 年 10 月 2 日 超值 　　每年在假日世界实施秋季票价的头一个周末我都会带一队人去。排队的人少，气温通常都有点低。我这组人都很享受。极力推荐。需要多建点挡风的围栏，是一个很棒的游乐园。饮料免费！！还能有什么话说。 表演少了点
G1989DRhollyp 美国亨兹维尔 评论：11 点赞：3	***** 点评于 2017 年 8 月 23 日 天伦之乐！ 　　孩子们（2+4）玩疯了！回来后一直津津乐道。与其他游乐场比较，简直超值，而且从来没有排长队的情况。免费饮料点真的也很赞！
Darlable 印第安纳州麦可滋维尔 评论：13 点赞：3	***** 点评于 2017 年 7 月 26 日（用手机评论） 欢乐时光 　　我们超爱水上乐园。乘骑设施很好玩。公园很干净。员工很友善。我很喜欢看到到处都有救生员。 　　我们最喜欢的过山车是雷鸟。冲下来后我们又回去再冲了一次。所有的设施都很好玩。 　　尽管走路多了点。 　　免费饮料简直就是锦上添花。 　　不用花多少钱就能够随时补充水分。 太好玩了！！！

"几乎所有人都会提到免费饮料，甚至小孩子都会。"韦恩说。按照埃克特的说法，话题引爆点的普遍属性很有帮助。"不是谁都会去坐过山车。不是谁都喜欢水上乐园。但是，在玩得高兴的时候，谁都会想要喝点东西，而这正是我们给他们的。"

这个计划造成的利润损失是巨大的，但是埃克特相信，这个话题引爆点不只是把损失的利润赚回来了。更进一步说，这种做法已经深深嵌入到了假日世界的形象里，几乎不可能取消了。

韦恩继续说到："我还非常清楚地记得我们做决定那天的情况，当时与董事们一起围坐在会议室的桌子旁进行表决。我记得自己当时在想，'这是一个我将永远铭记的时刻。'"她告诉大家，"记住，我们不能收回这个决定了。这是一个我们无法后悔的决策。如果要做，就得永远做下去。"而他们做了。

新账本

新账本是一家提供会计和开票服务的软件公司，主要服务对象为那些以服务为基础的自由职业者和小企业。它的用户中很多都是个体户，所处行业范围很宽泛，涵盖了从管子工、信息技术专业人士到设计师和会计师的不同领域。

新账本起初是一家非常不起眼的公司，从联合创始人麦克·麦克德蒙特（Mike McDerment）的父母位于多伦多住房的地下室里起家。随着公司的成长，它选择了这样的做法，对参加各种会议以及活动的所有差旅费很认真地进行审查，他们后来意识到，这种心态其实它的很多客户都有。

当新账本发展壮大到足以让麦克德蒙特把公司搬到自己的办公室里的时候，他和公司员工开始投入到会议旅行和活动营销领域。在一次出差途中，麦克德蒙特想，给目的地城市纽约的客户发一封电子邮件，看看大家是否能一起吃顿饭，如果能行应该会很有意思。这个想法逐渐发展完善成了公司一整套的计划。事实上，甚至在今天，员工们总是在出差的时候找客户一起吃饭。他们的客户餐聚集的规模会很大，能聚齐 100 多位小企业的老板。组织活动的一直都是新账本的员工，参与的客户都不用出钱。这是一种把客户聚集起来，培育出很强的群体意识的一种方法。

麦克德蒙特喜欢这个计划所具备的这种系统而又不拘一格的属性。"这些活动属于那种随时随地都会发生的类型；我们甚至都不知道（所有的情况）。时不时地，新账本的员工会出去休假。我们曾经有人去亚洲和南美洲旅行，在度假的同时，他们会在那个地方举办一场客户晚宴，想想都觉得很是疯狂，这你懂的。'"

客户晚宴给新账本带来的众多好处之一就是帮助它把企业老板聚集在同一个群体里，这是一个机会，这种机会并不是所有小企业老板都能拥有的。这种晚宴体验让新账本为其客户打造出了一系列更有建设性的现场活动，为解决客户面对的问题提供了很好的帮助。配文为 I Make A Living（养家糊口）的系列现场活动，出现在南美大陆的每一个角落。在这些活动中，公司邀请作家、演讲人和专家与客户们分享各种思想，客户不用掏一分钱。

新账本搞这些活动的动机来自于其对客户的了解。个体户都不太有机会出差，也没有足够的时间考虑职业发展规划或者个人成长的问题。这种情况引发了首席执行官麦克德蒙特的共鸣，因为这映射出了他自己在新账本的早期经历："我们……意识到那真的可能是一种很孤独的经历。因而，我们想要做的就是创造出一种体验，让他们能够以一种非常诚恳的方式，从中听到来自其他人的有关自己生活中会发生什么情况的声音，因为这并不真的无足轻重。这是围绕着在这个阶段和这个年纪里自谋职业的现实情况所进行的真诚对话，而且是一次机会，让大家走到一起来，通过来自其他人的意见给你充电。"

参与者明确地对此给予了高度评价：

Kasumi

@kasumisohh　　　　　　关注

在由 @ 新账本（FreshBooks）发起的 # I Make a Living 活动中。没错，在那里的是我女朋友 @WindyCityCosmo！（从左到右：@billyghost 来自 @thekickback、@crosberg、@johnwordballon、@WindyCityCosmo、以及 @ChicagoLeah）

来自 The Second City，2017 年 11 月 29 日上午 10:54

从某种角度说，由新账本主办的这种现场活动反映了其客户晚宴的有机属性，但是，它是以一种更有组织化的而且能够放大的活动方式呈现。这些活动为新账本产生出相当有影响的口碑，另外还有那么多美好和幸福的回忆。而且它让公司与主要竞争对手快捷账本拉开了距离。

我们已经讨论过话题引爆点必须要杰出的重要性。我们通过假日世界与水上乐园和新账本的伟大工作知道了话题引爆点为什么也需要是相关的。区别点作为话题引爆点的第三个标准就是它必须是合理的。下面就让我们一起来认识一下这个要求。

第六章　简单合理，不说让客户迷惑的大话

"你拿到了一辆车！你拿到了一辆车！所有人都拿到了一辆车！"

2004 年 9 月 13 日，电视主持人奥普拉·温弗瑞（Oprah Winfrey）一边说着这些话，一边把崭新的庞蒂亚克 G6 型轿车赠送给了 276 位聚集在那里观看她的日间脱口秀的激动万分的观众。

这一幕成了标志性的瞬间和持久不衰的模因。"你拿到了一辆车"是美国流行文化中的一部分，而且被用作一条标语，与来自温迪快餐连锁集团的"牛肉在哪里？"和来自百威的"怎么了？"没有什么不同。

奥普拉的庞蒂亚克赠礼（实际上由来自通用汽车发布 G6 的市场营销预算策划并资助）制造出了对话吗？当然。它在由奥普拉自己从 4000 多期的《奥普拉》脱口秀中列出的最令人难忘的表演时刻中，高居第四位。而且，怎么会不是呢？对于坐在表演厅里，当"鼓掌"的标志出现时就拍手的观众来说，一辆车是个巨大的奖励了。确实太大，大到了可能你做不到。送出 276 辆车是件大事。太大了。

你不是奥普拉。当奥普拉送出几百辆车的时候，她可以以几

乎不引起任何质疑的方式这样做（尽管当时现场的观众确实因为得为自己的"免费"庞蒂亚克支付高达 7000 美元的各种税费而被吓了一跳）。这是因为奥普拉建立起了比几乎任何品牌都更可靠的信任，而且她也一直都有喜欢赠送物品的慷慨大方的形象。就算奥普拉说"你们每个人都赢得了一件隐身斗篷"，相信也没有人会质疑。

相反，如果你与客户、潜在客户和粉丝之间没有这样的历史关系，而发布一个以这样的广度和深度作为对话出发点的区别点的话，就会有遭遇失败的风险。当企业把某种东西宣传得太好，好到不真实的时候，消费者会起疑心，因为他们已经知道，现实的情况通常如此。

这意味着什么呢？你的话题引爆点应该简单而且合理。"要合理"是一个区别点作为话题引爆点所需满足的第三个标准。

你会习惯性地寻找自己的"舒适区"，那里的温度刚刚好：一个足够杰出，能够成为对话催化剂，而且足够合理，能获得信任的话题引爆点。在实际的对话中，如果听到你的话题引爆点的某个人说"太棒了"就说明你走的路是对的。相反，如果他或者她说，"没门，这不可能"，你可能走进了不合理而且令人生疑的死胡同。

当你说大话，甚至当消费者就是认为你在说大话的时候，不仅会让当时推广活动的参与者失望，还会造成更长期的溢出效应，降低品牌未来的信任度。

4 步自查标准，锁定吸引客户的关键因素	
必须杰出	必须相关
<u>必须合理</u>	必须可重复

　　我们想强调，本书中的每一个案例研究都符合这个"合理"测试。你不必在话题引爆点上花费巨资，不必像奥普拉那样让大家津津乐道！当然，希尔顿逸林度假酒店每年花在饼干上的钱数额不菲，但是，它会送出数百万份。品牌投入到每块饼干上的费用，也就是口碑成功的单位成本非常合理。顾客不会看着饼干，然后思考，"这样做的目的是什么？"它大到足以被留意，然而，小到足以被信任。

　　这一点，对于我们曾经遇到过的话题引爆点中最简单、最机智的那一个也同样适用。你会在另外一个酒店品牌，毕业生连锁酒店中发现这一点。

毕业生连锁酒店

　　毕业生连锁酒店创办于 2014 年，在短短 4 年的时间里，这家连锁酒店已经开了 11 家店，而且更多的店还在筹划过程中。每一家毕业生连锁酒店都毗邻一所主要的大学，重点关注拥有大型的高等教育机构，但是总人口相对较少的"大学城"地铁覆盖区。

　　例如：杰伊·贝尔住在印第安纳州布鲁明顿（人口 86 000 人）。然而，这些人中大约有 45 000 人都是印第安纳大学的学生和学校工作人员。对于毕业生连锁酒店来说这就是一个很完美的城市，而事实上，几乎就在本书英文版面世的同时，毕业生连锁酒店确实在布鲁明顿开了一家店。

毕业生连锁酒店的店面紧邻佐治亚大学、密歇根大学、加州大学伯克利分校、弗吉尼亚大学、内布拉斯加大学等很多大学的校园。每一家店都笼罩在当地大学的浓郁氛围中。

每一家毕业生连锁酒店都力求反映出附近大学的独特历史、文化、传统、行为规范、美食以及礼仪。精心布置的房间内饰和公共区域，让人感觉有点像进入了韦斯·安德森（Wes Anderson）的电影里，但是，是以其好的一面而言。

Inc. 杂志把 2017 年的设计奖授予了这个品牌。这个酒店的设计精细严苛到什么程度？在伯克利的店里，大堂里展示了 9000 卷不同期的《国家地理》（*National Geographic*）杂志，选择它们的原因是该出版物的标志黄色跟这个大学球队队服的颜色完全一致。而在位于夏洛兹维尔以弗吉尼亚大学为主题的酒店里，大堂地板是个网球场，这是向当地的传奇人物，大满贯网球运动员阿瑟·阿什（Arthur Ashe）致敬。

所有的这些小心思结合起来，就形成了一个怪异、很酷而且非同寻常的大集锦。这绝非偶然。"如果太显而易见，我们就不会做。"公司的创始人本·卫普林（Ben Weprin）说。

然而，这种独特性是把双刃剑。这个品牌的口碑面临的挑战之一就是每个店面都完全不一样。因而，尽管网球场在弗吉尼亚会创造出话题来，但是在其他地方就没有太多可供谈论的价值。因而，毕业生连锁酒店打造出了一个全品牌的话题引爆点，尊重了每一个地方的当地喜好，并且连贯而且现实地做到了这一点。

这个话题引爆点就是房间钥匙。

除非你住的是老式的客栈，仍然喜欢那种每次交回去的金属钥匙，否则，我们几乎可以肯定，你下一次住酒店的时候，包括毕业生连锁酒店，你拿到的会是一张塑料钥匙卡。这些像信用卡大小的门禁卡很便宜，便宜到几乎可以一次性使用。

大部分的酒店塑料钥匙卡在前部都有品牌标识。有些酒店会把这个区域出售给当地的餐馆，比如比萨店。当有大型的会议选择在大酒店召开的时候，酒店通常会制作特别的印有活动标志的钥匙卡。

毕业生连锁酒店选择了一种令人称奇的方式。每张钥匙卡的正面都印得很像附近大学某个著名校友的学生卡。太绝了！

佐治亚大学附近酒店的钥匙卡印得很像体育解说员小厄尼·约翰逊（Ernie Johnson Jr.）以及美职篮（NBA）名人堂成员多米尼克·威尔金斯（Dominique Wilkins）的学生卡，后者在打球期间有个昵称叫"人类电影精华"。

SI Vault　　　　　　　　关注

@si_vault

佐治亚州阿森斯的毕业生连锁酒店的房间钥匙比其他任何地方的任何房间钥匙都要棒。（照片转自 @jasmynw）

2017 年 6 月 24 日下午 12：02

请注意，《体育画报》(Sports Illustrated) 杂志去年就这个钥匙卡的事情发了推文。这对口碑宣传很有帮助！

ESPN 大学篮球分析师杰伊·比拉斯 (Jay Bilas) 也在推特上称赞这种钥匙，他注意到密西西比大学版的毕业生连锁酒店的钥匙卡印上了库珀·曼宁 (Cooper Manning)（校队的前 4 分位，NFL 明星佩顿·曼宁和艾力·曼宁的兄弟）。这当然也不意外，因为库珀·曼宁现在是 AJ 资本合伙企业负责投资者关系的负责人，而毕业生酒店就是这家公司旗下的企业。

杰伊·比拉斯　　　　　　　关注

@ 杰伊·比拉斯

刚登记入住密西西比牛津的毕业生连锁酒店。我的（总统）套房钥匙是库珀·曼宁的学生身份卡。真棒。

2016 年 12 月 28 日下午 1:21

这些钥匙卡在报纸和网站上被几十次几十次地提及，而且猫途鹰的酒店评论上很多也都提到了这些钥匙卡。

简单、合理、有话可讲。毕业生连锁酒店采用了某种普遍存在而且司空见惯的东西，并且进行了彻底颠覆。这是一个能够产生对话的便于操作的绝佳例子。

但是，有时候你甚至都不需要做差异化。只需要略微"多"一点点。这就是美国最受欢迎的汉堡包和薯条供应商五人企业的话题引爆点。

五人企业

一个选择带来了狂热的关注。

杰瑞·莫雷尔（Jerry Murrell）和珍妮·莫雷尔（Janie Murrell）问他们的 4 个儿子，"做生意还是上大学？"孩子们选择了前者，他们于 1986 年在弗吉尼亚州的阿林顿（Arlington）开了一家汉堡包外卖餐厅。到 2001 年，又有一个兄弟出生，这时，五人企业已经在华盛顿特区的市区开了 5 家店。

五人企业于 2003 年开始了特许经营，公司很快进入了加速成长期。从 2006 年到 2012 年，五人企业连锁业务增长了 796%，成了美国成长最快的餐饮品牌。2012 年，在美国和加拿大共有 1039 家餐厅开业，还有同等数量的项目在计划中。

该连锁企业的胜出得益于其对消费者体验的绝对追求，并辅以对简单、可重复的运营管理的追求和对与众不同体验的挚爱。

跟很多拥有话题引爆点的企业一样，五人企业在广告上的投入很少。它把节省下来的市场营销费用花在一个复杂的顾客暗访计划上，企业经常派专人光顾每一个店面，检查质量和流程的执行情况。

菜品和服务的一致性执行起来更容易些，因为事实上五人企业提供的菜式很少，而且只有一道配菜：手工薯条。他们排除了员工上错软饮料的情况，因为每个店面都有一台可口可乐自选机，顾客可以随心所欲地搭配自己喜欢的苏打饮品。另外，他们的牛肉和土豆从来不冰冻，可以很容易地进行精准烹调。

尽管这个品牌以汉堡包闻名于世，但是查得·莫雷尔（Chad Murrell）却说薯条可能更为重要，因为没有别的什么东西还可以自己动手做了。"你可以在自家后院做汉堡包，但是对薯条而言，除非买最好的原材料并且按照我们的方法来做，否则你是做不出我们这样的薯条来的。这可远远不是购买新鲜土豆那么简单。"五人企业对待土豆的态度非常认真：每家餐厅都会突出摆放一个标志牌，上面写着当前使用的这个批次的土豆的供应商和产地。像一家城市酒馆标明手工奶酪供应商信息那样，追溯炸薯条的土豆或许显得有点矫情，但是，薯条在五人企业真的是一个大事情。

五人企业的薯条有两种口味，一是盐味，一是卡津风味，它们一般都被认为做得非常出色。

就算五人企业的薯条不是你最喜欢的薯类快餐食品，但是几乎所有人都还是津津乐道于该连锁餐厅的那个话题引爆点：伴随顾客的订单多送一些薯条。

在五人企业订小份的薯条，你收到的薯条将被认为是足够大的分量。中份订单常常出现"哇，这么多薯条"的场景。那么，大份的薯条呢？别傻了，除非是某个高中冰球队或者矿工班的订餐。对薯条数量的各种评论在推特上成了一种司空见惯的现象。

Ryan Yoxtheimer　　　　　　关注

@youxryan

把汉堡包从五人企业的袋子里拿出来是件很困难的事情，原因在于超大分量的薯条，但是对这种困难我永远不会抱怨。

2017 年 11 月 21 日下午 3:21

这个话题引爆点的高明之处在于，额定的薯条量并没有比通常的或者期望的量大。实际的做法是，小份薯条的盒子是常规的规格，但是五人企业的工作人员会在顶上加一堆"福利薯条"。相应地，当打开食品袋子（所有的订餐，包括堂食，全都以棕色的纸袋子装盛）的时候，你会看到里面全都是被薯条覆盖得严严实实的各式各样的铝箔纸包。

Christina M　　　　　　　关注

@ChristinaMets15

关于 @ 五人企业，最好的一点就是他们采用了这个小盒子来装薯条，然后放入 4 倍于它能够盛放的量进去。

2017 年 11 月 24 日上午 10:25

Laura　　　　　　　关注

@laura_allison99

总是能够在五人企业的袋子底部找到额外的薯条，这是一件让我为之一振的事情。

2017 年 11 月 18 日下午 3:38

这与其说是科学还不如说是艺术，而且肯定是一种始终如一还合情合理的话题引爆点。按照规定，工作人员倒入的福利薯条应该是确定的数量。但在实际操作中，数量通常会比规定的

要更多一点。就是……多很多。这就是全部的区别点，查得·莫雷尔说。

"我不想提具体的名字，但是别的餐馆给的薯条数量就是不能令人满意，"他说，"我们总是会多给一铲。我说装得满满的，一定要确保他们得到花这些钱该得到的。"

按照莫雷尔的说法，有些顾客对于得到太多的薯条会感觉不知所措。他说："我就告诉他们用剩下的薯条做土豆饼。我告诉我的经理们，如果大家不抱怨，那就是你给他们的薯条不够多。"

每位酒店的客人都要拿房卡，而且大部分汉堡包餐厅的食客都会点薯条。然而，毕业生连锁酒店和五人企业做出了自己的选择。他们选择在大部分竞争对手认为平常和无足轻重的运营链条上另辟蹊径，让它具备了杰出而且可以谈论的差异点，从而变成一个话题引爆点。

正如赛斯·高汀在《紫牛》中所写，"问，'为什么不？'几乎你不做的每一件事情都没有不做的理由。"酒店没有什么理由不利用房卡制造对话，餐厅没有什么理由不利用福利薯条制造对话。这只是不按常理出牌而已。本书里提到的这些品牌提出"为什么不？"的问题，然后每天都会收获这个询问带来的回报。

然而，这些不是什么大动作。房卡的成本加在了房费里，薯条的数量（包括福利薯条）在菜单的定价里已经包括。这些都不是像前面"你们大家都得到了一辆车"那样的情况；它们都是很不起眼的，现实中只能够实现的小改变，但却产生了重大的对话。

但是，在毕业生连锁酒店和五人企业案例中，话题引爆点最重要的成分之一是大家都能够得到它们。所有住客都得到一张精致的房卡。订薯条的人都得到足够扎一张筷子的薯条。这不是特供，也不是秘密，更不是周末促销。这些话题引爆点跟所有的话题引爆点一样，在应用过程中是前后一致的。

下面一章是区别点成为话题引爆点需要满足的第四个条件：它必须是可重复的。我们就来研究一下这一点为什么会发挥作用，以及它如何发挥作用，其中还有一个充满了魔法的案例。

第七章　操作可重复，不说让客户迷惑的大话

你是否曾经把什么东西落在了酒店里，然后什么也做不了只能为再也见不到它而独自叹息？当一位小住客把他的名为"长颈鹿乔西"的绒毛玩具忘在了住了一晚的丽思卡尔顿酒店时，酒店的员工决定要把它安全送回家。他们做的还不止于此，他们给乔西带来了一趟大冒险，包括去泡了温泉，一路上用可爱的照片记录下了整个旅程等。这种病毒式传播的照片或许你已经见过很多，也许还听说过类似的故事。

在市场营销领域存在着这样一种趋势，尤其是在社交媒体的推波助澜之下，企业试图通过为某个顾客做某件特别的事情来博取眼球。这种在社交媒体社群里被称为"惊喜和喜悦"的做法，一般会通过推特或者脸书找到一位顾客，然后调整经营手段，在一个独特的情形下为单个顾客打造"奇妙时刻"。

例如：作家兼企业家彼得·尚克曼（Peter Shankman）在推特上发文说他想吃牛排，莫尔顿牛排馆就带了一份给他，而且是在机场。

这些暖心的传奇故事能够创造出品牌话题一时的高潮，尤其是在社交媒体上，让大家鼻子一酸（就算你个人与故事没有什么

关系）似乎是使用时的一个必备条件。甚至在与消费者体验没有直接关系的每一本书里、每次的演讲里、每一部独幕戏里、每一首诗里以及每一场木偶戏里，这差不多也是接近强制性的收尾方式，被当作如何对待客户的模式。当然你正在读的这本书是个例外。为什么？就是一个简单的理由：任何特例性发生的区别点都是作秀，而不是口碑战略。

对于那些像一块被反复转送的水果蛋糕一样在互联网上传播的所有长颈鹿乔西来说，有多少根本就没有任何效果的惊喜和喜悦的努力？太多了。

而且就算是那些真的像病毒一样传播开来的，这些努力对品牌的持续影响力也微乎其微。尽管它或许会给品牌带来一些暂时的美誉，但很快也就烟消云散了。尽管故事很漂亮，但也无关个人：它没有发生在我们身上，而且我们知道，当我们去住丽思卡尔顿酒店的时候，也不会发生在我们身上。

惊喜与喜悦的问题在于那是一场惊喜。它发生一次，在一个人身上，在一个场景下。那不是一种能够日复一日地产生对话的运营性的选择。相反，这是某个或者多个团队成员因为觉得喜欢而做的某种特别的事情。绒毛填充的长颈鹿是一种善意的随机行为。而话题引爆点是一种可以每日实施的策略选择。

话题引爆点应该每次都提供给每一个人。这种区别点的影响力合计起来要大得多，因为它是由我们所有人去实现的。我们能够亲身体验得到。这个故事里面的主要人物是我们（或者我们认识的某个人）。

　　杰克·索罗夫曼（Jake sorofman）这位高德纳咨询公司的副总裁指出，在消费者体验的游戏里……一致性总是能战胜喜悦。

　　我们相信，不只是一致性打败了喜悦，而且前后不一致的情况会在客户间催生出蔑视（或者说至少存在这样的可能性）。这种矛盾再没有什么地方能够比航空公司的登机流程更为尖锐的了。美国的航空公司持续不断地增加新的"专区"，这就造成同一架飞机在上客时出现了可笑的数条通道。据说这样做是为了给常客更多的便利和慰藉，但是分成如此众多的登机群体（美洲航空公司目前每个航班有 9 种）根本不可能给坐在尾部的乘客什么好的体验，身后只有婴儿车、冰袋以及乱七八糟的杂物。

　　登机流程会是一个话题引爆点吗？绝对是，而且如果你身处第 9 组，讲出来的也不会是什么好听的故事。

4 步自查标准，锁定吸引客户的关键因素	
必须杰出	必须相关
必须合理	必须可重复

　　罗宾·菲利普斯在《激情对话》(*The Passion Conversation*)一书中描述了一致性的重要意义："任何企业的目标都应该是让口碑营销从操作层面上看上去是隐于无形的。也就是说，它应该是企业如何能不只是一天而是每天都能做生意的办法。"

　　成为话题引爆点，并且每天都在你的企业发挥作用，区别点就必须是可以重复的。它不能只是针对随机挑选出来的顾客，也不能只是针对你最好的顾客。它必须是为了所有的顾客。

话题引爆点可重复属性最具典型性的代表就是佩恩与特勒魔术二人组。这或许是本书中最出乎意料的例子之一。但是或许那算不上是个惊喜，因为他们的专长就出乎很多人的意料。你知道他们的话题引爆点吗？

佩恩与特勒

内华达州的拉斯维加斯堪称一个魔术之城。在 GigSalad 网站上列出来的在册魔术师超过了 330 人，而且，这些还只是演员类别中"临时营业"的那部分。另外，还有差不多 20 人属于在这座城市众多的赌场和夜总会中更高级的表演者。

显而易见，佩恩与特勒在好几个方面都不落这群人的俗套。首先，他们是俩人：佩恩·吉雷特（Penn Jillette），高大而且夸夸其谈的退役杂耍演员，他那喜欢挑事的公众形象被用来以一种不同寻常的鲁莽风格表演魔术。而矮小的雷蒙德·特勒（Raymond Teller）是位障眼法大师，他在台上从来没说过一句话。

其次，佩恩很搞笑，有时候说话还很尖锐，而且，在整场表演中擅长把幽默和魔术交织混杂起来，这似乎更适合成年观众的口味。

第三，这个二人组合已经超越了"魔术表演"的职业范畴，他们的履历上甚至出现了参演过几部电视连续剧、创作过多本著作的经历。

第四，他们的持续性和持久性非常惊人。2014 年，佩恩与特勒的节目创下了在同一家拉斯维加斯赌场的演出时间最长的纪录。他们在利奥酒店及赌场的演出开始于 1993 年，并持续至今。

但是，真正让佩恩与特勒成为大家津津乐道的话题的，是他们的第五个区别点。他们在 6000 多场演出中，每一场都会做这件事。这是一件如此简单的事情，然而在现场演出这个领域里却十分罕见。

佩恩与特勒的话题引爆点是什么？演员见粉丝。

每场演出结束时，演员都会从剧院的中心走廊跑出来，当剧场灯光亮起，1200 名观众蜂拥而出的时候，佩恩与特勒会等在大厅里，准备好向观众一一致谢。

为了增加与众人的接触面，他俩兵分两路，与众人握手、自拍并回答问题，直到最后一位观众离开。特勒甚至会和粉丝聊天，这一点很让人吃惊，因为很少有人能够听到他在公共场合讲话。

这种情况与拉斯维加斯的其他表演（魔术或者其他形式的演出）形成了鲜明的对比，他们一般都严禁任何形式的拍照，而且如果有与艺术家互动的机会的话，也需要单独买票，而且价格很昂贵。

"对于被说成是见面和问候，我仍然还是不太接受，因为我们所做的不是组织好的，而且也没有收费。"佩恩告诉《洛杉矶时报》（Los Angeles Times）。"那只是'如果你想跟我们说说话，那就跟我们说说话'而已。有人会（在其他的演出中）付100美元去看看后台。"他说道。

事实上，大型幻术的表演者大卫·科波菲尔（David Copperfield）在米高梅大饭店表演结束后，见面和问候的标价通常是100美元，其中包括握手、签名以及一张另收40美元的照片。毫不奇怪，猫途鹰上有一条评论警告粉丝："不要购买见面和问候票。"因为科波菲尔给每位观众的时间只有10秒钟，而且他还会卖力地推销要另外收费的照片和其他商品。

甚至比0美元的低价还让人不可思议的，是这个话题引爆点最引人瞩目的元素，就是它的可重复性。不需要另外买票。所有的观众都可以与表演者互动，而这种交流在每次演出结束后都会发生。不只是在周六场，也不只是假日场，而是每一场，保守估计有6000多场表演。形成鲜明对比的是，科波菲尔要价100美元的见面和问候只有在周六场才有。

佩恩与特勒的每场表演以及随后与观众的互动产生了话题。对于这样的会面，有上千条的照片和社交媒体贴文，网站上有数百条的评论，以及数十篇的博客文章。这些还只是由这个话题引爆点产生出来的线上口碑。线下的对话也有很多。杰伊·贝尔看了两场表演，至少跟要去拉斯维加斯的25人讲到了佩恩与特勒演出结束后的聚会。而且与对科波菲尔的评论形成鲜明对比的是，线上持续不断地在热议演出结束后的互动。

Heather-S···	"伟大的演出！"
美国马里兰州哥伦比亚 贡献者等级 1 评论 4 有帮助的投票 1	*****评论，2016 年 5 月 3 日 佩恩与特勒上演了一场伟大的演出！魔术与喜剧的结合让他们与其他魔术师有了真正不一样的地方。我也很喜欢他们在演出结束后留下来的见面和问候：) ☺ 有帮助？ 感谢 Heather_S07

观众肯定会说佩恩与特勒喜欢跟他们见面。不同于科波菲尔的敷衍的握手和自拍，佩恩与特勒花时间与粉丝进行真正的互动。

佩恩说："（我们这样做是因为）我们喜欢这样做。这种情况开始于我们在费城的一家剧院的演出，这家剧院没有后台的空间。所以，我们演出前后能够落脚的唯一的地方就是大堂。而观众会出来跟我们交谈。我们觉得这很棒……我们的观众来自世界各地。这样的见面真的是非正式的，没有排队。在观众到来之前我们冲出剧场，我们闲站在那里，他们过来，想做什么就做什么。他们想要签名，我总是随身带着签字笔。如果他们想拍照，我是自拍高手。"

"真正的问题是，为什么大家不都这样做？"特勒问。

真的，这是真正的问题所在。

佩恩与特勒的观众得到签名、自拍和一堆的故事。在葡萄牙里斯本的记者俱乐部就餐，也会收获一个故事，但这个故事却是由非常不一样然而可以重复的礼物所引发。

记者俱乐部

"记者俱乐部"是这个地区的一片净土。在俱乐部的餐厅里吃饭不需要出示会员卡，也不需要对上通关密码，但是里斯本的记者俱乐部还发挥着新闻记者俱乐部的功能，并且为很多政治家、外交人士、作家和企业高管提供服务。建于18世纪的记者俱乐部是一家很棒的令人着迷的餐厅，它带有一个很大的庭院花园，为安静地吃顿饭提供了一个闹中取静的地方。

这里的陈设与菜品一样令人印象深刻。但是，正如我们已经了解到的，光是优秀的经营管理还不足以引起对话。毕竟，在一个像里斯本这样的熙熙攘攘的城市里，迷人的优秀餐厅就跟克里斯蒂娜·阿奎莱拉（Christina Aguilera）的换装一样寻常。在里斯本，古色古香就是公开的秘密。

记者俱乐部对于自己的话题引爆点采取了一种不同的方式。当然，它也非常努力地做好基础性的工作：美食、服务和氛围。根据猫途鹰的评价，它在里斯本全部3988家餐厅中位列第20位。但是，它也深知，口碑要求的不只是能力。它需要一剂催化剂。

"我们相信，接待顾客是一项特别的工作，从我们欢迎他们的方式，到跟我们待在一起的这段体验，再到他们离开的时刻。"餐厅的合伙老板鲁伊萨·托雷斯·布兰科（Luisa Torres Branco）说。

从餐厅建立伊始，厨师伊万·费尔南德斯（Ivan Fernandes）就谋划着在顾客离开时送给他们小礼物这件事。这是一种让顾客记住餐厅，并且很可能会制造出对话来的做法。

费尔南德斯在可重复的话题引爆点上的首个尝试是送给每个顾客一个可以重复使用的棉质购物袋。这件上面印着餐厅标识的礼物具有长期使用的价值，当顾客在城里的各个地方办理事务的时候，就把餐厅的形象传播开了。

"棉布袋子因为对我们的顾客有用而让自己得以展示，尤其因为这样一个事实，就是大部分的顾客都是四处流动的，而且购物总在他们的计划之中。"布兰科说道。

下一个计划是送给每位顾客一张行李签。由于在记者俱乐部就餐的人很多都是国际旅行的常客，因此这也是一种可行的方案。

棉布袋子和行李签二者都是可靠的话题引爆点，但是它们都不具备太多餐厅所期望的那种可谈性。它们都是有用的礼物。而且是意外的礼物。但是或许还不够特别。然而，来自该餐厅的第三个话题引爆点唤醒了顾客潜在的口碑力量。它所采用的是一些小鱼。

顾客时不时会在记者俱乐部点沙丁鱼，而且频度还不算低。这个要求并不是很奇怪，因为在夏季的葡萄牙，沙丁鱼受欢迎的程度简直令人难以置信。在该国6月的节庆期间，沙丁鱼甚至是一道正式的菜品。

尽管沙丁鱼的身影几乎无处不在，但是记者俱乐部并不提供这道菜，而且从来没有提供过。厨师认为，它们太普通了，因而在餐厅的菜单中没有存在的意义。在知道了餐厅完全没有沙丁鱼之后，顾客们通常都会瞪大双眼，或者满脸沮丧。布兰科注意到了这种失望，而且也注意到在推出一种新的强大的口碑计划的同时，这种失望能够从大海里得到一定程度的弥补。

Joseph S Boston 转发 10 点赞 4	***** 评论于 2016 年 3 月 12 日 里斯本的第一餐 　　我们从拉帕街 82 号走过来，也就是走了几条街，吃到了有史以来最好吃的菜。鳕鱼和章鱼太棒了，甜点是各种甜食的大混合，让你吃得有种负罪感。老板鲁伊萨和所有员工都非常友好，让你感觉宾至如归。在离开的时候还给了我们一罐沙丁鱼作为礼物！

今天，餐厅的每位顾客都会带着自己的那罐沙丁鱼离开。讨厌沙丁鱼的用餐者仍然可以选择行李签或者棉布袋，但是，引发消费者话题的是沙丁鱼。

如果是生日，你不会只得到沙丁鱼。

在你第五次光临的时候，你不会只得到沙丁鱼。

如果消费 100 欧元，你不会只得到沙丁鱼。

你得到沙丁鱼。每一次都有。这个区别点传达给了每一位顾客。

而且非常出彩的是，为了强化餐厅"记者俱乐部"的主题，每份沙丁鱼都用当地杂志的纸张包扎。

在这个部分里，我们给你讲了从战略的高度把一个具有可操作性的区别点开发成为话题引爆点需要满足的 4 个要求。

1.杰出而不只是"好"；

2.与核心业务紧密相关；

3.简单合理，不给客户造成困惑；

4.操作可重复，确保客户每次都能得到。

在接下来的内容里，我们将讨论话题引爆点的 5 种不同类型。这是 5 种你可以用区别点来撬动的对话杠杆，同时，也是有效打造话题引爆点和获得口碑成功的关键。

在进入到这部分内容之前，我们想知道此时此刻你在想什么。你喜欢《如何让你的产品被快速口口相传》这本书吗？我们能为你解答什么问题？花点时间发送信息至 JayAndDaniel@TalkTriggers.com，我们会很快给你回复。

第三部分

5 种类型，彻底点燃客户狂热

话题引爆点操作体系
4 步自查标准，锁定吸引客户的关键因素
5 种类型，彻底点燃客户狂热
6 步操作法，落实每一个执行细节

你已经了解了话题引爆点的 4 个标准，看到了掌握着消费者对话力量的多种不同规模和类型的企业的实例。那些例子中，每一个都满足了第二部分中列出的 4 个要求。每一例都是杰出的。它们也是相关的。而且合理。还可以重复。

但是，它们中的每一例，还有在本部分中将会揭示的另外 10 个例子，也都可以归入到话题引爆点类型的一个或者多个类别中。在研究了数百例口碑案例，并提出了一个似乎简单（然而貌似很困难）的问题"为什么有些口碑活动成功了而有些则失败了？"之后，我们提出了这个框架。换一个问法："能发挥作用的话题引爆点之间有什么共性？"

记住：在某种正常情况下消费者不会期望发生的事情发生时，口碑就传开了。消费者并没有期望假日世界与水上乐园的软饮料免费。期望与现实之间的差异形成了制造口碑的故事，并因此带来新的消费者。

当我们进一步深入到什么样的口碑以及口碑什么时候才能发挥到最好这个问题时，就会发现其实质就是，企业如何能最切实地超越消费者的期望，而且程度大到足以让这些消费者去分享他们的体验？

经过大量分析之后，我们找出了 5 种类型的话题引爆点，每个企业都可以从中选择出最适合自己生产经营和企业文化的类型。

5 种话题引爆点是：可谈论的关爱、可谈论的有用、可谈论的慷慨、可谈论的速度以及可谈论的态度。

5 种类型，彻底点燃客户狂热				
可谈论的				
关爱	有用	慷慨	速度	态度

你能够成功地在你的企业中导入一种变革，它能够真正地打造出口碑，而且归入不到这 5 种类型里面吗？或许可以。但是我们设计出的，而且认真研究过的绝大部分话题引爆点都符合本书提出的这个模型。

如果我们重新审视本书的口碑建立体系，消费者会谈论的引人瞩目的区别点都会符合在第二部分中讲到的成为话题引爆点的 4 个标准。它还需要能被归类在本部分中讲述的类型中的至少一个，而且几乎可以肯定，一定能。如果遵循我们将在第四部分讨论如何打造话题引爆点的 6 个步骤，那就更加可以肯定了，只是要想进入到第四部分的内容，我们还需要先讨论完下面几个章节。

本部分中所讨论的 5 种类型，在谈论口碑的不同产生者时，是非常有用的，因为它给了你提示，可以用这些提示比较和评估各种选项，提高你对是什么在起作用，以及它为什么起作用的理解。

最近，我们在一个轮胎零售商的大型会议上做了一次演讲。有一位参会者在无意中已经使用了 20 年的话题引爆点。在安装好新轮胎后，他们会在每个客户来取车前，在汽车的客座上放一瓶两升的当地制作的根啤，并随附一张手写的感谢卡片。因此这家企业被戏称为"根啤轮胎"。

在从现在开始的下面几十页内容里，当体验到类似这样的区别点时，你马上就能够判断出它是话题引爆点，因为它杰出、相关、合理而且可以重复。同时，也因为它归类于可谈论的慷慨，也还属于可谈论的态度。

在自然条件下识别这些话题引爆点就像在飞机场辨认飞机——你从事的口碑侦探的事业将为你开启全新的乐趣和游戏。我们开始吧。

第八章 用"关爱"取悦客户

在你开始考虑你的话题引爆点会是什么的时候，很重要的一点是要弄明白所有的话题引爆点都能被归类于有限的几种类型中。它们全都归属于5种类别中的某一种，知道这个分类法不仅会让你在遇到它们时更容易辨识，而且也能让你在给自己构建一个引爆点时更加简单，你可以采用我们将会在本书第十三章到第十八章中所讨论的那些在我们的咨询工作实践中所开发出来的6步流程来完成。

5种话题引爆点类型中的每一种都是可以谈论的，而且会为你的企业构建起独特的口碑优势，当然，这要求区别点符合本书中第四章至第七章中所总结出来的4个要求。话题引爆点的类型没有孰好孰坏之分。当持续而且合理地进行应用时，每一种都同样强大。当然，某些类型可能比其他类型更适合某种具体的公司文化或者企业类型，这一点你将会在接下来的几个章节中看到。但是，它们全都能够为你所用，如果你选择让它们发挥作用的话。

5种类型，彻底点燃客户狂热				
可谈论的				
关爱	有用	慷慨	速度	态度

我们先看一下话题引爆点的第一种类型：以非对等的、出乎意料的关爱取悦消费者，并创造对话。

来自企业的关爱供应不足。或许关爱比以往任何时候都紧俏，原因有二。

首先，关爱要求前后不一。它要求倾听。它要求以一个完整类别的形式与消费者互动。按照定义来说，这种做法提高了经营活动中每次互动的单位成本。在对效率和利润的狂热追求中，大部分企业就是不愿意把时间投入到提供关爱上。

其次，在关爱的互动中所固有的因人而异的做法，注定要赋予员工在规章制度限定的范围以外处理事务的权利。某些公司相信，这会加大他们面临危机或者法律诉讼的风险。总而言之，他们就是害怕给予关爱。

这就清楚了，当企业选择相反的做法时，他们的关爱为什么能够具有如此巨大的口碑影响。甚至，或许可以说尤其是当它在一个关爱并不太为人所知的行业，崭露头角的时候，就更是如此。

美国收账公司

1988 年，在被赶出大学之后，身无分文的肯林·格雷兹（Kenlyn Gretz）在威斯康星州曼尼托沃克的一家 5 人事务所找到了一份催收员的工作。这份工作，工资是每小时 4.25 美元。

29 年之后，格雷兹拥有了这家事务所，现在的员工数量达到了 250 人，而且是美国最大也是成长最快的一家催收代理机构。当格雷兹在 1999 年收购美国收账公司的时候，公司一年的总营收大约是 60 万美元。2017 年是多少呢？ 2500 万美元。

他们的工作可能是令人很不愉快的。美国收账公司员工的职责是联系那些拖欠医院、医生和其他健康服务机构应付费用的欠款人。这个行业历史上的做法一直是通过不断加码压力、羞辱欠债人、使用恐吓手段来征收欠款。

美国收账公司采用了完全不同的手段。它的收款方法甚至写入了整个组织的基因里，而且成了他们无懈可击的话题引爆点。美国收账公司的口号（甚至成为了注册商标）是荒谬地友善收账。

把注意力集中在这句话上认真想一下。用荒谬地友善来修饰收账，就像用纽约爱乐乐团来为比利·雷·塞勒斯①伴奏一样。

但是它却发挥作用了。"我们用友善收到了更多的账款，"格雷兹告诉我们，"通过做到'荒谬地友善'，我们确实收到了更多的钱，因为消费者不害怕跟我们讲话。"

"你知道，一个人的支付能力会变化。不能因为他们今天欠钱不还就认为他们永远都是欠钱不还的人。但是，我们会等过段日子后再致电他们，一个月后、两个月后、三个月后，他们会接听我们的电话，因为我们第一次拜访他们的时候对他们不错。"

"但是，如果因为没有钱你就把他们当成垃圾一样对待，让他们感觉自己一文不值，那下次他们就不会接你的电话。这就是我们能收到更多钱的办法：第一次拜访就是做到对人友善，哪怕他们身无分文。"

---

① Billy Ray Cyrus，美国演员、乡村音乐歌手。——译者注

"在我们培训员工的话术中，有这么一句，'你知道的，说起来你现在好像很艰难，但是，这肯定说明你很诚实，而且你一旦有了钱就会付。对吧？'"

格雷兹说，他们遇到很多客户会这样对他的团队成员说："我希望其他的收账机构也能这么友善。我能够把债务转到你们事务所吗？"

欠债人之间的口碑当然是有局限的。就算很多人惊讶于美国收账公司非常规的做法，收账机构的友善也不会是大多数人想带入到对话中的话题。然而，在雇佣收账机构的医院和医生中间，"荒谬地友善"这个话题引爆点却是他们发自内心的，而且念念不忘。

营收循环负责人狄恩娜·克里斯迪森（Deanna Christesen）供职于迪金森县卫生中心，这是一家位于密歇根州半岛地区拥有96个床位的乡村医院。在做了美国收账公司7年的客户后，克里斯迪森承认，"荒谬地友善"的提法不只是一个营销的噱头。

"我一直都深受感动。他们不只是对待那些病人"荒谬地友善"，而且对待作为客户的我们也是"荒谬地友善"。我跟他们之间的所有沟通一直都非常愉快。所以，友善不只是传递给病人，而且也传递给了作为客户的我们。"她回忆说。

"这个区域的所有医院连成了一个网络，我属于营收循环群体中的一员。我一直很诚恳地把美国收账公司推荐给了另外的几家医院，因为他们的手段是如此不同而且有效。我喜欢跟他们一起工作，而且我也采用了一些从他们那里学到的东西去培训我自己的员工。"

格雷兹说，做到"荒谬地友善"，不只是有口碑上的好处，而且克里斯迪森推崇的绩效优势也几乎是普遍性的。每家医院几乎都会聘用至少两家收账公司，格雷兹说，美国收账公司在这些比对中，95% 都是胜出的。他说，公司在过去 6 年的超过 2000 名客户的工作实践中，被对手比下去的情况只出现过 3 次。

"与每个月实现我们的经济指标比起来，我更愿意对客户友善。对人友善更为重要。因而，我们专注于此。钱只是附带的事情。你懂我的意思吗？"格雷兹问。

是的，我们都懂。

然而，有效地使用关爱话题引爆点并不是医疗系统业务层面的专利。医生也能够以此扩大他们的就诊人群。格伦·戈拉布（Glenn Gorab）也是每天都在这样做，或者说，至少每个星期六都在这样做。

格伦·戈拉布医生

要想消磨一个下午，口腔治疗最多算是一个次优的途径。

过程不确定的情况司空见惯。对后续会疼很长时间的关切也几乎确定无疑。对费用的疑惑见怪不怪，尤其是在那些没有牙科保险的病人中间。

当病人进入到口腔诊所的时候，大部分口腔科医生和他们的工作人员都得费心费力地回答这些问题，解答这些疑惑。最好的口腔医生会在手术后的当晚给病人打电话，检查病人不舒服和后续的出血情况，并确认术后的医嘱会得到遵循。

但是，随后出现了新泽西州（New Jersey）克里夫顿（Clifton）的格伦·戈拉布医生，他在 15 年以前开创了一个话题引爆点，一个所有竞争对手都效仿的区别点，尽管作为口碑创始者这个区别点已经功成名就。

"我确实给好几位我敬重的牙医提到过这个法子，他们谁也没有拿它当回事。"戈拉布医生告诉我们。

戈拉布医生采用而其他牙医不能或者不愿采用的这种神秘的东西是什么？可谈论的关爱。每一个周末，戈拉布医生都会给下周将会首次来到诊所的每一位患者打电话。他典型的问候就像这样："喂，我是戈拉布医生，我知道下周我们有一个即将到来的预约门诊。我只是想给你打电话介绍一下我自己，并且看看你是否还有什么问题需要在门诊之前问清楚。"

这个简单的姿态——在患者来诊所之前而不是之后联系对方——让戈拉布的口腔诊所在实践上跟其他诊所拉开了距离，并引来了患者持久的关注。

戈拉布医生说，患者并不真正知道如何利用好这次通话，因为这是他们根本没有想到的。"大部分人都被惊到了，在约好的门诊之前医生居然会给他们打电话，他们几乎是目瞪口呆。这太不合乎常理了。他们说，'之前没有任何人为我这样做过。'"

这些患者把戈拉布医生打来电话这件事告诉了他们的朋友，这些谈话持续不断地把新的患者带到他的诊所。他的话题引爆点为他培养了新客户，就像所有切实可行的话题引爆点那样。

"有两位这周刚来的新患者这样说：'我从朋友处听说你就是在预约好的门诊之前给她打电话的医生，我认为这样太好了，就想来找你看看病。'"这些患者蜂拥而至，把更靠近他们住所的几十家名声很好的口腔诊所抛在脑后。

戈拉布医生说，80% 的患者在诊疗室都提到过这些通话。"他们说，'你在星期六还给我们打电话，真是太感谢了。'或者，'对不起啊，我没在家，所以没有接到你的电话。感谢你还给我留了语音留言。'"他告诉我们。

或许，戈拉布医生的关爱话题引爆点最有意思的特征是它如此简单。我们很认真地讲，所有的医生，甚至是所有的专业服务提供者，都可以模仿这种做法，然而他们却熟视无睹。为什么？

"我不知道为什么大家都不这么做，但是我想原因可能是他们要么没信心，或者害怕在面对对方之前去跟别人谈论他们的服务，或者他们只是不想在周末被打扰到。"他揣测道。

他最终还是说服了另外一个人去尝试一下，一位一起去钓鱼的好朋友，也是一位整形外科医生。这位朋友马上就看到了就诊人数和推荐情况的增长。

尽管不算是口碑带来的好处，戈拉布医生以及其他选择使用这套系统的医生还是获得了一个重要的附带好处。与患者构建起关爱的桥梁会产生出善意，减少法律诉讼。

在美国，医疗服务极易引发诉讼，而且数十年来一直如此。99% 的高风险外科专家在其职业生涯中都会面临患者的起诉。

口腔外科处于类似的法律诉讼的风险之中，但是，戈拉布医生在 32 年的职业生涯中完全避开了这个困扰。

"我从来没有因为任何事情被起诉过，"他说，"我做外科手术，我每天都做。我遇到过并发症的情况。其中有些还是不良并发症。

但是，我们没有被起诉的原因或许是因为他们知道我关心他们，大家不会起诉自己喜欢的人。我提前给他们打电话这个事实意味着我在意他们，我关怀他们。所以从一开始，他们就看到了我在关心他们。"

在这5种话题引爆点类型中，可谈论的关爱或许是在执行时最不复杂的一种，而且具有非比寻常的心理和口碑上的影响。下面我们将讨论一种相反的但却同样有效的促成谈话的形式，一种可谈论的有用区别点。

第九章　用"有用"唤醒客户的真实需求

尽管非对等的关爱对于格伦·戈拉布医生、美国收账公司产生的效果特别好，他们都用情至深，但是，其他企业和组织不见得会愿意采用情商作为话题引爆点。

在这样的情形下，考虑采用符合逻辑的口碑引擎，或许会更加合理一些。杰伊·贝尔写了一本叫作《"你"力：为什么聪明的市场营销讲的是帮助而不是胡吹》(*Youtility : why smart marketing is about help, not hype*) 的书，书中说明了如何通过创造出让潜在消费者找到有用的各种资源来发展你的企业。这个招数也可以当成话题引爆点来用，前提是你要提炼出自己的"你"力精华。

当运用到那种让消费者生活更容易的不是太有名的企业的实践中时，这个"可谈论有用"的口碑助推器效果尤其好。或许我们大家都会同意，航空业就符合这种类型，这也是为什么新西兰航空公司的有用话题引爆点制造出了如此众多的话题的原因。

5 种类型，彻底点燃客户狂热				
可谈论的				
关爱	有用	慷慨	速度	态度

新西兰航空公司

总部位于奥克兰的新西兰航空公司是一家国营的航空承运企业，拥有数十条国际国内航线，航线覆盖 19 个国家。这家航空公司的运营总是充满了创意，证据就是航程中安全提示的系列录像带，这些影像把简单而且有些乏味的飞行乘务员剧场变成了奇幻且令人愉悦的小电影。

按照 Backpacker Guide NZ（新西兰背包客指南）网站的打分，下面的这些节目就位列由新西兰航空公司出品的 9 部最佳录影带之列：

《霍比特人安全提示录影带》：该录影带的特点是用《霍比特人》系列电影的场景和人物摄制的，《霍比特人》电影都是在新西兰取景拍摄的。

《贝尔的安全要点》：主角是贝尔·格里尔斯[①]，"电视节目最佳人物"名单中的疯狂冒险家。

《与理查德·西蒙斯[②]在高空漫步》：这部古怪的符合安全要求的健身录影带由这位在 2014 年退出公众视线的有氧健身大咖

---

① Bear Grylls，《荒野求生》等电视节目的主持人——译者注。
② Richard Simmons，美国著名健身教练——译者注。

主演。

以"我无法相信一家航空公司会花这么多钱做这种离经叛道的事情"的眼光来看，这简直太疯狂、太精彩了。可以肯定，这是绝无仅有的航空公司安全提示录影带合集，而且它们甚至还有自己的油管播放列表。

你或许有理由期望这些安全提示录影带成为新西兰航空公司的话题引爆点，这种想法不一定完全是错的。这些微电影作品不仅以一种新颖的方式告诉你如何使用安全带，而且还如此非同一般，它们肯定会形成对话。但是，因为它们并没有以任何有意义的方式让乘客受益，而且因为把"安全提示录影带"变成为与朋友的一次对话也比较困难，其口碑影响就稍微打了点折扣。

新西兰航空公司的主要话题引爆点远比产品本身更加基础。在新西兰航空公司，舒适是其产品设计背后的驱动力，而且影响到每一位乘客，无论是坐在商务舱里宽大的可以变成床的白色皮革的座位上，还是坐在紧邻厕所的经济舱的最后一排。

尽管舒适是由多种元素交织而成，但是新西兰航空真正讲故事的是它最新引入的对飞机"座位"的重新定义：空中沙发。空中沙发是带有可移动扶手的一整排的 3 个座位。每个座位还带有一个连接到座位底部的大脚凳。当你把脚凳拉开，并把扶手移开的时候，整排座位就像空中变形金刚一样重新进行组合，形成一个类似蒲团的很大的合并在一起的区域。

正如新西兰航空官网上所描绘的："想象一下，一排经济舱的座位，在起飞之后可以变成为一个沙发。让你和朋友或者家人可以躺下来。很聪明，对吧？也很舒服。它是如此灵活，可以用作座椅、沙发甚至是游戏的区域。你还会得到一些可爱的寝具和枕头。这是全世界第一家。"

空中沙发改变了人们对空中旅行的认识，因为它改变了在空中旅行期间大家的合理期望。

空中沙发给了闲不下来的孩子能够伸展的地方。给了情侣在夜间飞行时蜷缩和放松的空间。或者，它给了独身的旅行者一种与躺在床上差不多的体验。

Dave & deb　　　　关注

@theplanetd

听说过新西兰航空的空中沙发吗？theplanetd.com/air-new-zealan…@FlyAirNz#AussiebyAirNZ

2016 年 4 月 2 日下午 4:00

关于空中沙发，最为有意思的是，那是一个就算没有亲自体验过，也能促成对话的话题引爆点。哪怕你仅仅是在一架新西兰航空公司的飞机上路过空中沙发区域内的一排座椅，也会情不自禁地发出"等一下，那是什么？"的惊叹。

Sue Teodoro　　　　　　关注

@SueTeodoro

感谢 @AirNZFairy@FlyAirNZ 的 # 空中沙发——从 # 新加坡到 # 奥克兰一路上都是香甜的美梦。

来自：新西兰，奥克兰 2016 年 5 月 23 日上午 7:44

Emily Jillette　　　　　　关注

@Emily Jillette

昨天临时需要乘坐 @FlyAirNZ 回家，我想感谢他们的安排，而且超爱 # 空中沙发的体验。

来自：内华达州亨德森市 2017 年 6 月 29 日下午 12:56

"真正让人印象深刻的，是新西兰航空在经济舱上持续不断的创新，而我们大部分人出门都是坐经济舱的。"AirlineRatings（航班点评）网站总编杰弗里·托马斯（Geoffrey Thomas）说。

新西兰航空专注于为乘客提供有用的东西，无论是把它当成是床、娱乐的地方或者只是一个让人眼红的东西。空中沙发话题引爆点让对话出现在了稀薄的空气中，甚至在高空之中。

尽管空中沙发是新西兰航空核心业务的一个非比寻常的特征，但是其他公司在利用"有用"上走得甚至更远。例如：B2B（企业对企业）软件公司 Spiceworks（辣椒工坊）在把"有用"打造成话题引爆点上进行得如此全面，以至于它整个的经济模式都异乎寻常，而且让人意想不到。

辣椒工坊

软件企业可能会极度复杂。但是，这个行业的支付问题却异乎寻常地直截了当。公司提供软件，用户为了使用该软件而支付月费或者年费。这很像在玩《大富翁》（Monopoly）时支付租金，但不是"落到（游戏里的）马尔文花园"，而是掏出现金"登录到公司的资源规划系统"。这里没有免费的午餐。

但是，返回到 2006 年，这是软件时代的一个新纪元，总部位于得克萨斯州奥斯丁的辣椒工坊决定，它将彻底颠覆软件提供和使用中业已建立起来（而且如今从本质上说已经固化了）的协议，免费提供软件。

"我们从来没有出售过软件。"辣椒工坊联合创始人兼首席执行官杰伊·霍尔伯格（Jay Hallberg）告诉我们。"从 2006 年到2010 年，辣椒工坊真正地为 IT（信息技术）专业人士提供免费软件，让他们更好地管理自己的网络，而我们的变现手段则是出售广告而不是出售软件本身。"

创办这家公司的初心使霍尔伯格与他的联合创办人意识到信息技术专业人士的工作很艰难。"他们没有一套常用的工具来做自己的工作。他们不知道去哪里寻找答案。他们不知道去哪里寻找能信得过的人。"霍尔伯格回忆道，"我们深深地意识到，在这个 3 万亿美元规模的信息技术产业里，并没有一个真正支持信息技术专业人士的品牌。"

辣椒工坊发布了一个小型的产品套装，让信息技术专业人士通过一个内嵌的数字化的程序来帮助桌面扫描自己的计算机网络，监控运行情况，追踪各种问题。公司用一个便捷的界面开发了辣椒工坊的第一个版本，并内嵌了广告，用于覆盖相关的费用，让软件本身可供免费下载和使用。

"我们也想过每个月收费 20 美元，按照通常的做法。"霍尔伯格说，"但是我们意识到，要想让很多人每个月付我们 20 美元，需要花出数百万美元才行，而且，当有人拿出类似的东西并收费 10 美元的时候，又会发生什么呢？"

信息技术专业人士一直在用辣椒工坊来监控其网络基础设施的健康情况。为了提供好这项服务，辣椒工坊软件当然得知道网络上提供的其他软件和硬件的情况。霍尔伯格和他的合伙人知道，在向辣椒工坊用户展示高度相关的广告方面，这种知识赋予了公司无可匹敌的能力。

"我们知道用户的价值有多大。这种做法的理念是这项业务能够发展成为全球性的规模，可以以一种有意思的方式变现，扩张的速度要远比我们收费的任何方式都更快。而且，在我们埋头苦干的同时还能做好不可思议的服务，并帮助信息技术专业人士了解他们需要的产品和服务。"

辣椒工坊与众不同——而且甚至连广告都很有用，因为这些广告都是量身定制，目标精准。

推出后不久，辣椒工坊开始明白，信息技术专业人士对协作和社群的需要甚至超出了对网络监控软件的需要。为了征求早期用户的反馈，霍尔伯格和他的伙伴制作了一个网页，用户可以在那里提出需要纳入的新属性的想法，并且根据自己的兴趣投票支持或者反对。

投票采用了"屏幕辣椒"的形式，很快，信息技术专业人士就按规则给那些想法"加辣"或者"减辣"。最初以相对简单的投票机制开始，很快扩展成为一个在线支持小组。

"他们开始相互讨论起如何用辣椒工坊解决问题，"霍尔伯格说，"有人写道，'哎呀，我不能用辣椒工坊来搞定这个麻烦。'有人也会回道，'我遇到过同样的问题。我是这样解决的。'或者'我跟辣椒工坊的工程师讨论过这个事情。他们是这样做的。'"

这些对话在稳定地扩大并演变着，直到 2008 年，参与者开始提出一些与辣椒工坊本身无关的问题。比如，购买什么类型的路由器。或者，如何要求老板加薪等。

"当我们看到这些的时候，就知道我们真的或许该有点什么想法了。"霍尔伯格回忆说。

当然，信息技术专业人士还有其他别的地方可以提出这些问题，甚至回到 2008 年的那个时候也是如此。但是，本质上所有的其他选项从话题引爆点的角度看也都是相对狭隘而且具体的。例如：思科有个论坛专供思科用户提出有关思科的问题。但是辣椒工坊是信息技术领域对所有问题提问和互动的首个在线的目的地，而且也是迄今为止最著名的一个。

意识到这是一种有用到难以置信的资源后，辣椒工坊在 2010 年向非客户开放了在线社区。"就是在这个时候口碑开始发挥作用了。"霍尔伯格说，"因为在这个时候，大家会告诉朋友说，辣椒工坊是一个多么了不起的地方，如果你是信息技术领域的业内人士，就有必要去那里看看。但是随后，随着社区内容增多，谷歌也开始找它了，而且由于其他人也提出了同样的问题，辣椒工坊就越来越多地出现在谷歌的搜索结果里。"

"我们有点误打误撞地成了信息技术通才汇聚的地方，这些人中，每个人都得了解包罗万象的东西。我们构建了这个学术性的、协作性的商业中性社区，主要是为那些靠做这个具体事情谋生的人考虑的。"

2018 年，辣椒工坊社区里的成员异乎寻常地活跃，而且他们线上线下都有联系。网上社区到访的人数每个月都超过 700 万人。辣椒工坊的年会辣椒世界就像世界上最无趣的复活节帐篷会。如果把 2000 个都是精通网络基础设施的人聚在一间房子里，然后给他们提供火腿和啤酒（辣椒工坊会员非正式的法宝），你脑子里会想到一幅什么样的景象？实际的情形跟你想的相差不大。

2016 年，霍尔伯格和他的团队进入了他们内部称之为的"第三乐章"——成为为信息技术专业人士提供信息、教育和互动的、统一的社区。这就要建立新的内容管理和机器学习系统，让社区充满力量，并且让每个成员对信息技术的方方面面都具有广阔的定制化视野。

霍尔伯格说，辣椒工坊有 4 个目标："第一，让他们与正确的人建立联系，能够完成自己的工作，无论是解决问题还是做另一件大事。第二，帮助他们完成正在做的项目，或者获得下一份工作。第三，帮助他们找到并且买到企业所需的正确的产品和服务。第四，给予他们完成任务所需的工具。"

它成功了。对于信息技术社区来说，Spiceworks 品牌就像复古眼镜对嬉皮士社群的意义一样：一个流行而且强大的标志，以对其成员极其有用来制造对话。

辣椒工坊的会员艾伦·布沙德（Alan Boushard）在他写的颂歌中或许表达得最为准确，这是 2015 年情人节当天发表的：

我有多爱你？让我细数分明。

我爱你社区知识基础的深度和广度。

因为无论我有什么奇怪的问题，总有个答案等在那里。

我爱你对火腿、啤酒以及技术所基于的一切领悟。

因为每当我实施一个新的方案，我都能得到评论和指引，它们让我的脚步不会偏离。

我爱你因为社区里的友谊。

因为每当我需要建议，他们都会有恰当的判断从来不让我失望，而且有鼓励如影随形。

我爱你因为社区所提供的培训。

因为当我陷在困境中时，培训能够提升自己，获取梦寐以求的位置。

我爱你因为辣椒世界以及它带来的所有快乐。

因为当我置身其中，就会有免费的火腿和啤酒，还说放开吃。

有时候，最好的话题引爆点其实只需要你对客户或者潜在客户的真正需要具有极强的意识即可。然后，就以杰出的、一致的、合理的而且可谈论的方式把他们想要的给他们就行了。

如果在跨洋飞行的过程中，你厌烦了经济舱里的拥挤，而且被孩子的蹦蹦跳跳搞得心烦意乱，就像 20 世纪 20 年代的小孩跳查尔斯顿舞那样，那你真正需要的，而且你肯定会到处去讲的，就是空中沙发。

作为话题引爆点，"有用"绝对是个有效的选项。但是，它并不是唯一的选择。事实上，某些企业通过给予超出消费者期望的东西，制造出了持续不断的消费者话题。这就是慷慨方法，而且是 5 种话题引爆点类型中最为强大的一种。

第十章　用"慷慨"激发客户的讨论

分量变小但是价格维持不变，带来的后果就是隐藏式涨价，这种情况被称为"缩水式通胀"。我们现在被这种情况包围了。

按照英国国家统计局的一项研究，在 2012 年至 2017 年间，2529 种独立的产品包装规格变小了。从一袋多力多滋① 所装的薯片变少，到航空公司为每一项巧立名目的服务收取费用，价格不变但是给的东西减少了。

我们都知道此言不虚。我们都能够感觉得到。无处不在的缩水式通胀就是与此背道而驰的话题引爆点能够如此有效的原因。这就是慷慨的力量。

你们已经在本书中了解到了使用慷慨的其他话题引爆点。假日世界的免费饮料。那是一种慷慨话题引爆点。消费者制造了关于它的对话，因为他们惊讶于一个公司居然会放弃潜在的利润并赠送饮料，而分文不取这种事情。五人企业袋子里多给的薯条，也是一个慷慨话题引爆点。

---

① Doritos，百事旗下的一款零食品牌——译者注。

5 种类型，彻底点燃客户狂热				
可谈论的				
关爱	有用	慷慨	速度	态度

但是，当你出席某个大会的时候，没有什么东西（我们是说真的"没有什么东西"）能像昂首阔步走过来的火烈鸟那样造成对话了。这个最新的话题引爆点出现在 2016 年，可以在比利时安特卫普弗兰德斯会议中心体验到。

安特卫普弗兰德斯会议中心

1843 年开门迎客的安特卫普动物园是世界上最早的公共科普动物园。按照安特卫普弗兰德斯会议中心的首席商务官安佳·斯塔斯（Anja Stas）的说法，在 19 世纪时，动物园的社交功能非常强大，动物并不是大家关注的重点。这意味着一直都需要有大量的接待空间来作为科普动物园的补充，而且首个大理石铺就的舞厅早在 1897 年就出现了。

每年在这里举办的活动有 300 多场。这种高需求成了把它建得更大而且让它更具话题性的理由。在安特卫普市的配合下，管理层打算打造一个更大更现代化的国际会议中心，以充分利用好这个城市的中心区域和交通枢纽。

"在跟市里交流的过程中，思路变得清晰起来，这是在该设施具有历史价值的侧翼内从零开始重建（而不是改造）已有的一个音乐厅的千载难逢的机会。而且还可以额外修建 30 间会议室，让它成为一个完整的能够满足所有建设目的的国际化的会议中心。"斯塔斯说。

重建后的伊丽莎白女皇厅于 2016 年 11 月份开放。由于斯塔斯和她的同事们早已经在举办推介活动（加上有一个大型的动物园），新扩大后的会议中心马上拥有了销售团队、市场营销团队、客户关系团队以及其他的职能机构。从运营和经济的角度看，新的安特卫普弗兰德斯会议中心具有重大的意义。

但是，那些好处与具体的活动参与者和设施的其他使用者之间并没有具体的关联。想要让这些人能够到处去讲，斯塔斯需要再另外做点事情：一个慷慨的话题引爆点。

来参加会议中心活动的所有人在活动期间可以完全免费而且没有次数限制地进入到动物园中。来开会，跟考拉玩！动物园的入场券是每天 26 欧元，所以，参加会议的人士可以随意进入并想待多久就待多久的这个权利具有潜在的巨大的经济价值。

接待团队也协助每个活动的组织者把动物园纳入到议程中。与会者甚至获得了在对公众开放前进入动物园散步或者锻炼的特权。"对于我来说，这是动物园中最为奇妙的时光。这是动物刚刚睡醒的时候。"斯塔斯说。

对于那些有社会责任目标承诺的公司或者组织来说，只要把会议放到这个设施里来看，那些承诺目标就至少能够部分得以实现。这是因为举办这些活动的收益 100% 都会用在资助由安特卫普动物园基金会管理的动物保护项目上。

在全球的会议规划者之间，安特卫普弗兰德斯会议中心现在被说成"带动物园的会议室"。

这个话题引爆点如此被认可，以至于斯塔斯和她的团队赢得了备受尊崇的"2017 年度国际会议协会最佳市场营销奖"。相对不起眼的"带动物园的会议室"在最后一轮的同行投票中击败了投资 20 亿美元的悉尼国际会议中心。

斯塔斯说："我是在可口可乐公司接受的培训，所以知道一点有关品牌建设和声情并茂讲故事的技巧。当我 3 年前进入这个行业的时候，发现这个行业的市场营销有点墨守成规而且过分拘泥于传统……在真正构建沟通与听众之间的桥梁，寻找那些在情感层面真正能够感动大家，并吸引大家的话题引爆点方面，目标有时候定得还不够远大。因为那是能够制造出真正的差异并鹤立鸡群的唯一途径。"

跟假日世界开始提供免费饮料的情况一样，行业专家和竞争对手对这个概念嗤之以鼻。"他们说，'你不会被严肃对待的'。"斯塔斯回忆道，"一个带有会议中心的动物园，那当然不会严肃。"

她义无反顾地奋力前行。"它给会议带来的不只是更加有趣的事物，而且科学已经证实，在会议期间有自然风光呈现和动物的出没确实会让会议更加高效。"

这样，可谈性就更大了。

最近，斯塔斯给国际会议规划者做了一次报告，后续的调查发现，与会者中 100% 的人都想对带有动物园的会议室有更多的了解。

紧邻你会议室的旁边就有长颈鹿、大猩猩等数百种动物以及水族馆的这种情况，也给社交媒体提供了一些奇妙的机会，让"在安特卫普存在着绝对不一样情况"的这种说法得到了进一步的传播。

当然，如果能够接触到动物园，就应该认真考虑围绕它构建一个话题引爆点。不过，现实中我们大多做不到这一点。但是，我们大家都能够以自己的方式做点与众不同的事情。欢迎光临加利福尼亚州萨克拉门托市斯基普家的厨房，在这里，玩扑克牌是最令人高兴的一个话题引爆点。

斯基普家的厨房

斯基普·瓦尔（Skip Wahl）在布林克国际餐饮集团一路打拼了 17 年。瓦尔职业生涯的最高峰，是成了位于北加利福尼亚州的几家生意最好的店的执行合伙人。

"那段日子真有意思。"他回忆道。"但是我不一定总得遵循别人制定的规则。我更像是一个规则挑战者。我是一个在开会时老爱举手，并且提问为什么的人。"瓦尔说。

"这就限制了我晋升的机会，在进行了大量研究，并跟我妻子费了些口舌之后，我们于 2010 年决定在萨克拉门托开设自己的店。"

斯基普家的厨房做的东西很简单，菜单简洁（把它想象成芝乐坊餐厅的反面），主要突出了汉堡包、大薯条、几种有意思的开胃菜以及很多有趣的面卷。他们家的汉堡包有多好？斯基普家的厨房位列 2017 年美国最佳汉堡包供应商第 29 位。

从餐馆 2011 年 10 月 10 日开业之日起至今，瓦尔在广告和市场营销上的投入总计为零。当然，美味的汉堡包对此起到了很大的帮助作用。瓦尔和他的妻子对当地社区的奉献，以及热情好客的客户服务也很有帮助。

但是，当涉及口碑的产生问题时，因为菜品质量和服务质量很难量化，一般只能标记为"卓越"和"可谈论"，因此口碑的产生只能更多地倚重于其他的特性。事实上，2016 年来自努尔·阿米哈·哈桑·巴斯力（Nur A'mirah Hassan Basri）及其合作者的一项研究发现，一家餐馆物理环境的品质和独特性，是影响就餐选择最重要的因素，菜品质量只是次重要的因素。

斯基普家的厨房成功印证了这些真知灼见。该餐馆有一个非常慷慨的话题引爆点，这个话题引爆点也形成了令人激动的物理环境。这个区别点的形成过程，直觉和必要性这两个部分所起到的作用是一样的。

必要性部分来自于追踪客人订单这个问题。瓦尔起先只是想在柜台上记住 9 桌客人中每一桌订了什么菜，但是，开业首日就全搞乱了。随后他考虑采用让客人在其餐桌上摆放塑料号牌的方式，就跟卡乐星①和哈迪斯餐厅上菜的方式类似。但是，他想做点视觉上看起来更加有趣的事情，所以他想："我们就用一副扑克牌吧。"

"顾客走进来，点餐，我们就给他们一张牌，他们会拿到梅花 3 或者别的什么牌。我们就在他们的小票上写下来，等菜品端上来的时候，我们就送到桌子上有梅花 3 的那一桌。"瓦尔解释说。

但是，瓦尔并不只是想让上菜变得更加有条理。他想增加

---

① 卡乐星（Carl's Jr），一家汉堡连锁店品牌——译者注。

点诱惑。"这里的地方很小。没有太多的空间。所以，忙起来的时候，排队可能会排到门外，这将会真正地伤害到我们的生意。"瓦尔回忆道，"尤吉·贝拉^①说过这么一句名言：'没有人会再来了。简直太挤了。'这会成为我们面临的一个问题。"

需要有个机制能让顾客耐心地排队，他首先想到的是在室外装一台电视机，但是随后他脑子里冒出了一个更好的想法。

"那是一个星期五的早晨，两位年龄在七十五六岁的女士走进来，要了两份亚洲口味的鸡肉沙拉，我对她们说：'女士们，我想要在这里尝试点新玩意。'"瓦尔回忆道，"我会把这些扑克牌面朝下摊开，如果你们抽到了大王，你们的菜品全部免单。"

"她们中的一位抽出了一张牌，而且砰的一声摔在桌子上，她抽到了大王。首抽即中，大赢家！我说：'这可能是一个可怕的而且昂贵的想法！'"

但是，瓦尔在当日剩下的时间里一直都坚持这样做，顾客都很喜欢可能有赢奖的机会。所以，次日他又试了一下。

"大家的眼睛都亮了，他们在队列中都想抢占有利位置，以便能够看到他们前面的顾客抽牌。当他们结队来的时候，尽管还在排队等候，他们很早就会开始讨论由谁来抽牌。"他回忆道。

"从生意的角度说，更好的方式应该是打 5 折。或者送张礼品卡。但是，这些做法听起来始终觉得哪里不对劲。而对所有顾客说，'抽到大王我请客'，这听起来就很有吸引力。"

平均来看，每天有 4 位顾客胜出，意味着瓦尔付出了大约 2%

---

① 尤吉·贝拉（Yogi Berra），美国著名的棒球教练——译者注。

的营业额。但是，当他们赢了的时候，话题引爆点就会反复地做补偿。幸运的顾客会自拍，贴到脸书上，写评论，并且告诉他们的朋友。

Ashley T. 萨克拉门托，加利福尼亚州 304 好友 68 评论 23 照片	*****2017 年 10 月 17 日 　　友好的员工，可爱的大堂，而且在点餐的时候，他们会耍这个魔术，摊开一副扑克牌，如果抽到大王，餐费算他们的！虽然没抽到，但是还是很有趣！另外你抽到的牌就是你订单的号码！超有创意！ 　　菜单非常简洁，但有很多非常不错的选择！ 　　点了蒜香鸡加培根，太棒了！

Kyrabob42
本地导游·1 评论
*****2 个月前
　　很好的菜品，极好的氛围，而且如果够运气还能免费吃！要是从他们那副牌里抽到大王，你的菜品就会获得免单，而且他们一直都坚持这样做。我老公和我今天就免费吃了一顿，还有一份免费的奶昔！

Kim Poulsen-Smith 评论了斯基普家的厨房
8 月 7 日
　　太好了。一直在坚持。食材新鲜，员工们是一个快乐的群体。我们分享了巨无霸和乳酪球。我要了份中国沙拉，老公要了带薯条的培根乳酪汉堡包。我们会再次光顾，希望能够抽到那张大王。

对瓦尔来说，在更多的人抽到那张大王的时候，尽管在菜品免单上花得比较多，但是从口碑的角度看，其实更好。他支付的最大一张账单为 117.86 美元，那是一群 10 人的饿狼般的雄鹰童子军，他们点了很多份汉堡包。

"我知道最后点餐的孩子来自于镇子附近的地方。他的名字叫克里斯丁（Christian）。"瓦尔回忆道，"他点好了汉堡包，然后说，'我会抽到大王，那张牌就在那里。'他把牌翻过来，砰，确实就是这张。他们绕着餐厅狂奔，就像刚刚赢得了超级碗！整个餐厅的人都在鼓掌，大家纷纷跟他们击掌。当他们回家的时候，猜猜他们怎么跟父母说的？'我抓到了大王。'这就又带来了回头客。"

斯基普家的厨房的大王知名度如此之高，以至于有些萨克拉门托居民甚至都不知道餐厅的名字，但是他们都知道这个话题引爆点。

"纸牌游戏"如此流行，以至于斯基普家的厨房的食客偶尔会试图对赌这个规则。当这个 9 张桌子的餐厅坐满了的时候，9 张牌就被抽出来放在了桌子上，从而将胜率从 1/53 提高到 1/44。顾客有时候就会"大方地"允许其他人插队到他们的前面，有意识地推迟自己的排序，直到概率提高。

顾客常常会在旅行的过程中给瓦尔带来几副扑克牌，他会很骄傲地把这些礼物展示在紧靠斯基普家的厨房存放 T 恤衫的位置。令人惊奇的是，这些衬衫是非卖品。只有在你的名字正好也叫斯基普的时候能够得到一件；在这样的情况下，衬衫是免费的。现在已经送出去了 13 件。

消费者已经如此习惯于被克扣，以至于稍稍多给一点（或者至少是有机会得到多一点）就足以让他们讲述你的故事，并触发口碑。但是，有些机构不愿或者说没有能力采用慷慨的方式作为话题引爆点。

取而代之的是，他们依靠快捷让客户和粉丝目瞪口呆，并主动发起对话。就像泰勒·斯威夫特①那种变化无穷的音乐风格，这些话题引爆点也谈论得很快。下面我们就看一下他们是怎么做的。

---

① 泰勒·斯威夫特（Taylor Swift），美国歌手——译者注。

第十一章　用"速度"维护客户体验

速度很重要。事实上，41% 的消费者说，当他们联系一家企业的时候，"快速解决我的问题"是一个良好的消费者体验中最为重要的元素。

更为严重的是，超过十分之九的美国消费者说他们在致电某个企业时，绝不会等待超过 5 分钟。当然，这个结果也让我们对另外那 10% 的人充满了好奇，他们最多也只能是通过电话听筒听着典型的"等待"铃音的肯尼·基[①]和别的很抒情的爵士乐经典乐曲。

然而，就消费者对速度的需要来说，最令人难以琢磨的问题在于，那个目标永远处于变动之中。在 2010 年的时候被认为很快的速度，如今已成常态。在 2000 年曾被我们认为是迅速的，而今已经很慢。而在 1990 年被认为很快的速度，现在就与一边在你的录音机上听格伦·米勒[②]的大乐队演奏的乐曲，一边自己搅拌奶油的情形没有什么两样。

---

① 肯尼·基（Kenny G），美国萨克斯演奏家——译者注。
② 格伦·米勒（Glenn Miller），美国 20 世纪三四十年代的爵士音乐家——译者注。

　　在 30 年左右的时间里，我们从传真发展到电子邮件、即时通信、短消息以及通过移动应用程序实现了"一切尽在瞬间"。以这样的速度发展下去，我们离心灵感应也就不远了。速度只是消费者在不断变化中所期望的一种。简单地以牺牲消费者体验中的其他元素来追求速度并不是一个话题引爆点。

　　但是，速度在铁面无私方面是独一无二的。确保一家餐厅拥有"美味的食品"永远都处于重要的地位，但是，食品"美味"的区分标准不是每年都在提高。今天，对于一家公司来说，速度要快到足以让人津津乐道是一种非常高的标准，这就是为什么打造一种以速度为基础的话题引爆点，实际操作起来却非常困难。速度是一种时刻变动中的目标，你需要一直不断地连续投入，以保证话题引爆点的显著性特征。这就是说，对于一家决定拥有这种类型的消费者体验并且要一直维持下去的公司来说，速度可能会像一台被操纵的老虎机一样，公司从中获益的机会非常渺茫。

5 种类型，彻底点燃客户狂热				
可谈论的				
关爱	有用	慷慨	<u>速度</u>	态度

帕拉冈直达

　　"在零售领域，为什么亚马逊做得比谷歌要好？因为谷歌把消费者带给产品，而亚马逊把产品带给消费者。"布莱恩·本斯托克（Brian Benstock）这位征战汽车行业 35 年的老兵这样说。

在一次访谈中，本斯托克提醒我们，尽管谷歌在美国的所有搜索引擎中排名第一，但是当消费者想要购买某件产品的时候，亚马逊是迄今为止排名第一的搜索引擎，因为它提供了最顺畅的体验。使用亚马逊，期望与满足之间的距离比其他任何的方式都要短，而这正是本斯托克想要带入到汽车服务领域的。他的话题引爆点的核心是什么？让一种笨重的服务体验感觉好像便捷的零售体验。

本斯托克是帕拉冈这家美国最大的经过认证的本田和讴歌二手车销售公司的副总裁兼总经理。

他成功的秘密之一是他认识到，在这个产业里，历史上形成的规范是为了方便销售方，而不是为了方便消费者。汽车零售商如何能够跨越改善消费者期望的困境？这有赖于他们通过与厂家达成的特许协议所赋予他们的虚拟的垄断。

经销商的维修部门通常在晚间5点或者6点关门，而且大多不在周末营业。这种情况在整个行业内非常普遍，像捷飞络、马立可以及活力男孩这样的维修竞争对手也都如此。

"经销商的维修工作时间只是方便了经销商，对其他的所有人都是不方便的。"本斯托克强调。

"为了保护经销商而设计的这种特许体系实际上为竞争对手利用经销商糟糕的消费者体验提供了难以想象的机遇。在这个时刻变化的世界中，（经销商）已经落伍了，而我们却要求客户去经历这种窘境。所以，当我们（在帕拉冈）意识到，一旦他们可以不用我们也能做，他们必定会去的时候，我们既兴奋又害怕。"

帕拉冈的话题引爆点是接收并交付客户的汽车。当然，汽车养护和维修从根本上说是每一家汽车经销商最大的利润中心，所以，让养护的吞吐量达到最大化是一个巨大的优势。对于大部分的汽车零售商来说，这不是太复杂。但是，如果你身处纽约城里，要想做到快捷和便利，就会遇到一些根本性的障碍。

本斯托克说，当帕拉冈意识到，由于曼哈顿堵车司空见惯，很多客户要想去到所选择的任何地点都会是个巨大的麻烦事时，他们就想到要在这个岛上找一个新的地点。帕拉冈接下来想到的是在曼哈顿东、南、西、北建立 4 个接送点。但是就算如此，对于消费者来说也还是不够理想。

"所以，我们说，'如果我们在曼哈顿的每一个地址上都设一个本田经销点会如何呢？'"

这就催生了帕拉冈直达：本斯托克的团队将会在纽约城更大范围内的任何地点接收客户汽车，如果需要的话，还提供一台代用车；他们把车接到帕拉冈在皇后区伍德赛德的维修厂，养护汽车，并把汽车交回到客户的家庭或者办公室地点。

这有点像优步（Uber），只是优步是要求有一辆车出现，而帕拉冈直达的客户要求的是把他们的车带走然后又还回来——比以往更为便利。

实施一个全虚拟的汽车养护项目的众多挑战之一是，如果客户没有到场的话，如何向客户解释他们的轿车或者卡车需要做哪些养护项目。所以，帕拉冈直达打造出了与客户交流的增强方式。

本斯托克说，从客户的角度看，大部分的汽车养护体验都算不上最佳。他设定场景："劣质的咖啡。劣质的点心。电视上播放着杰瑞·施普林格①或者美国有线新闻网（CNN）的节目。客户等了一个小时才把车开进车间里换轮胎。这时，你看到汽车需要新的刹车片。所以，维修顾问得找到客户，告诉他或者她需要换刹车片和转子。"

"在这个时刻，客户只会有两个问题：'要多久？'以及'要多少钱？'而且对两个问题的答案都不会满意。"

"但是，如果客户在工作或者在家里，而他或者她的汽车在帕拉冈，客户更有可能同意额外的项目。"本斯托克说。这种情况部分得益于基于网页的客户交流系统的透明度。帕拉冈的维修顾问会拍一张客户的刹车片与新刹车片对比的照片，展示出磨损的地方，然后请求客户认可备品和工时。对于更为细节的工作，维修顾问会录一段视频，对所建议的修理工作进行解释，并且说明这样建议的原因。

"相距遥远给了我们更大的透明度和信任度，而不是更小。如果你坐在经销商的大厅里，听到说需要换刹车片，不大有可能会看到老的刹车片像什么样子。"本斯托克解释说。

除了取车的便利和来自附有照片的实时工作认可的信任度的增加，帕拉冈直达还能够比以前更快地进行维护工作，甚至交付也更快。如何做到的呢？因为从现在起维修工位保持每天24小时，每周7天开放。

如果消费者不需要接待，不用面对面打交道，也不需要用甜

① 杰瑞·施普林格（Jerry Springer），美国脱口秀主持人——译者注。

点招待，那么维修团队能够把工作重点只放到维修上。而这种情况给了消费者更大的灵活性。

"我们对消费者说，'晚上你几点钟后不再用车？'如果他们说晚上 8 点，那么我们就会在晚上去取车，带到维修厂里，养护汽车，然后在次日早晨他们用车之前把车送回去。"本斯托克告诉我们。

"这就最好地利用了汽车停驶时 94% 至 96% 的时间。客户赢了，我们也赢了。"

本斯托克说，绝大部分经销商都在年复一年地经历着维修收入增长趋缓的情况。本斯托克的快捷而且超级方便的取车和交付体系突破了这根趋势线，公司在数月间收益连续翻倍，与开始时相比，总体增长超过 20%。

把车接来，由一群就像挥舞着扳手的精灵一样的维修团队把车连夜维修好，然后在早晨送回去，这就是可谈论的速度的一个伟大范例。尤其是帕拉冈公司对帕拉冈直达的服务不收取任何费用，就更是如此了。

用速度打造口碑的另外一种方式，就是交付给客户的不只是要求即到，而且甚至在客户知道他或她需要帮助之前就准备好了。

荷兰皇家航空公司

位于阿姆斯特丹的荷兰皇家航空公司是荷兰官方的国有航空公司，也是世界上最早的商业航空企业之一，创建于 1919 年。

"大家都有把东西落在飞机上的经历。"荷兰皇家航空公司的社交媒体全球主任卡林·沃戈尔－梅洁尔（Karlijn Vogel-Meijer）说，"比较常见的情况是，他们把 iPad 放在座椅的袋子里，或者类似的什么东西里。他们就把这事给忘了，抵达后自己急匆匆地下了飞机，然后，突然发现，自己的 iPad 丢了。他们通常的做法是发个推文或者帖子，说，'哦，我的 iPad 放在了飞往这个地方的这个航班的 2D 座椅的袋子里了，你们有谁见到了吗？'"

按照沃戈尔－梅洁尔的说法，航空公司的处理程序通常是，乘客必须访问公司的网站，提交一份失物登记表。5 天之后，乘客可以致电荷兰皇家航空公司，看看失物是否已经找到。这是一种常见的流程，尽管很烦琐，但很多航空公司都在用。

然而，这些失物大部分都能很快就被乘务员或者保洁人员在准备下一个班次的时候发现。他们通常会把找到的东西交到荷兰皇家航空公司的转机柜台，上面附上一张字条写上"此物发现于座位 2D 处"，航空公司很可能会在数日之后，与线上表格进行匹配。而阿姆斯特丹是泛欧洲大陆以及其他航路上的一个主要的中转站，这就意味着很多把东西落在飞机上的人，当失物被工作人员找到的时候，失主仍然还在机场里等待他们的下一班飞机。

在机场工作的沃戈尔－梅洁尔社交媒体团队的一位成员发现了把乘客与其失物重新联系起来的一种更好的办法。只是依靠一台平板电脑和智能手机，该成员就彻底改变了客户服务，从被动应对变成为主动。因为荷兰皇家航空公司的文化强调员工的积极主动性，所以她没有通过委员会会议，就直接要求机组成员给她打电话，而不是把找到的东西交到荷兰皇家航空公司转机柜台。

随后，她在平板电脑上查询到了该乘客的行程，并且发现他下一程的航班将在 45 分钟后从 37 号门登机飞往巴黎。

"她马上冲到该登机口，寻找简森先生（Mr. Jensen）并跟他说，'你有没有落下了什么东西？'大多数情况下，他们可能还不知道已经落下了什么，忽然之间自己的 iPad 就失而复得了。"沃戈尔 – 梅洁尔解释道。

这种主动安排已经取得了巨大的成功，以至于在史基浦机场专门组建了一个完整的团队，成员主要来自于那些因为怀孕或者其他原因不能登机工作的机组成员。

Kostis A. Tselenis　　　　　关注

@kotselen

@ 荷兰皇家航空公司真是伟大的航空公司，在我把东西落在飞机上的这个事情上提供了优秀的服务，而且反应非常迅捷和专业！请继续保持这种优秀的做法！

2016 年 4 月 12 日上午 7:09

当下，这种预见性的做法难得一见而且出人意料之外，它促成了消费者的传播。毕竟，如果你在某个登机口等待登机，有一位身着航空公司机组成员服装的人走到你的身旁，把你的 iPad 交给你，这个场景似乎有那么一点魔幻的色彩。

目前这个话题引爆点对于荷兰皇家航空公司来说很强大，但也不会永远持续下去。消费者期待随时在变，尤其是在速度和反应的这个领域里。事实上，按照沃克尔的一项研究的说法："2020年的消费者……将会期望公司知道他们每个人的需要，并提供个性化的体验。即刻的解决方案将会不够快捷，因为消费者会期望公司主动解决他们当前和未来的需求。"

我们将会在第十九章讨论话题引爆点的生命周期。但是，首先，我们先认识用口碑引客的第五种，也是最后一种途径：可谈论的态度。

第十二章　用"态度"满足客户期望

当被要求整体描述一下某个公司时，消费者会想到好几个形容词。其中有些词或许会是两个字的，但不太可能会是"蠢蛋"。

事实上，由于你或许会先入为主地认为手下人都非常的无聊，会计都是沉默寡言的，似乎所有的企业，就其氛围来说都太过于严肃了，或者至少是无害的平庸。

5种类型，彻底点燃客户狂热				
可谈论的				
关爱	有用	慷慨	速度	<u>态度</u>

这就出现了一种巨大的机遇，公司可以用生活之乐和创意来挑战消费者的期望，从态度上创建一个话题引爆点。

杰伊·贝尔的裁缝是这方面的大师。卡勒布·莱恩（Kaleb Ryan）是衣冠楚楚服装店的老板，店里面陈列着他的衣冠楚楚服饰系列产品。莱恩是一位订制男装的服装师，他在全美国为客户提供上门（家里或者办公室）服务，之后以合理的价格设计出高质量的西服和外套。

除了是一位异常专注于细节（光是纽扣一项，莱恩就提供了数百种不同的种类）的工匠，他还拒绝墨守成规，视与男装有关的那些古板标准为无物。

这种态度或许用莱恩嵌入在作品中的那些隐藏信息最能表达。每一套 EC Chantal 套装衣服都有 3 块衬布供莱恩写俏皮话所用：上衣里面的胸袋上、衣领的下面，以及解开拉链后的裤子的前档开口处。

莱恩总是要添加这些幽默而尖刻的修饰，尽管他的创造性从一开始就受到了剪裁的限制。"最初，订制码（用于定义和制作服装的一种工艺）只允许使用两个字母，所以，那就只是个开端。"莱恩说。

现在，有 19 个字母可以玩，莱恩简直乐疯了，而且，几乎所有客户都不只是谈论这些信息，而且会随心所欲地写一些东西。当你拿到新的衣服，马上拉开裤子上的拉链，去看莱恩在那里写了什么的时候，这就成了一种很特别的期待类型。当拉开杰伊新衣服的拉链时，上面写着的信息，立刻成了话题引爆点。

莱恩也做衬衫，而且正在考虑推出斜纹布系列。但是，作为正装的专家，他应该不大会把束头带也纳入到 EC Chantal 产品系列里。幸运的是，作为另外一个可谈论态度的例子的超级阅览室可以填补这个空缺。

超级阅览室

由尤阿芙·苏瓦兹（Yoav Schwartz）和兰迪·弗里希（Randy

Frisch）于 2012 年在加拿大安大略省多伦多市创办的超级阅览室是一家 B2B（企业对企业）型的软件企业，通过向市场营销业者提供使用视频、白皮书、博客贴文，他们打造出了精彩的内容体验。

超级阅览室的软件让数字营销的工作变得更加轻松，也让潜在的消费者更加容易与由这些市场营销从业者所打造的内容产生互动。"当我们意识到公司将把工作重心放到把事情变简单上的时候，我们也意识到不能把自己太当回事了。"弗里希在一次采访中这样告诉我们。

该公司执着于这个前提的方式之一就是通过肆无忌惮地把粉色用作其签名的颜色。在超级阅览室所有的一切都是粉色的：这是一种一般不会与 B2B（企业对企业）软件有什么关联的颜色。

"我们不想延用 20 世纪 80 年代的那种霓虹粉，当然也不想要婴儿粉。这个挑选过程花了我们很长的时间。"弗里希说，"实际采用的颜色叫作宝石红。从技术上说，这是红色的一种渐变色，但是对于所有看到这种颜色的人来说，那就是粉色。"[1]

超级阅览室表现自己特立独行的第二种方式是揭开了盖在市场营销和销售流程上的那层面纱。这一点尤其有效，因为超级阅览室的产品将要面对的是这样的市场营销从业者，他们通常都像新街边男孩[2] 的大龄粉丝对该组合的解散一直无法释怀那样令人厌烦。

"开始的时候，我们使用常见的那种大水漫灌式的电子邮件，

---

① 这也是本书（指英文原著）封面的颜色。——译者注
② 新街边男孩（lNew Kids），美国的一支男孩组合乐队。——译者注

像：'嗨，我是斯蒂夫，来自超级阅览室团队。请联系我，我会给你提供帮助。'"弗里希说，"我环顾了一下四周，然后说：'我们在哄鬼呢。他们知道这些电子邮件是自动群发的。他们完全知道我们在干什么。'"

弗里希和他的团队用一个甚至更假的人名"凯蒂"替换了这个枯燥的假"斯蒂夫"。但是这一次，他们让潜在的消费者来做例行公事的那一方。第一封邮件这样写："嗨，我是凯蒂。因为你也是位 B2B（企业对企业）的市场营销人员，我会对你说实话。我不是真人，但是，我们的市场营销团队在让我成为一个什么样的人这个问题上有很多的想法。所以，请认真阅读后面将要到来的电子邮件，因为我们的市场营销团队对我将要告诉你的每一个字都进行了字斟句酌的认真考虑。我们会坦白地告诉你一切并且真诚待你。你学识渊博，所以我们将会把一切都摆到桌面上。这就是我们认为能够帮助你把工作做得更好的理由。如果你想聊聊，请告诉我们。"

粉色是与众不同的。坦率也是如此。但是，超级阅览室真正的话题引爆点与此毫无关联，在本书的众多范例中，只有温莎旺的"致电科特领取衬衫"口碑引擎能与之相提并论。对于超级阅览室来说，这就是有关头带的事情。

在公司创立的早期阶段，弗里希负责处理所有市场营销与推广工作。超级阅览室要在得克萨斯州奥斯丁市举办的很有影响力的"西南以南"（简称为 SXSW）科技活动中举办一场庆典，而且需要给与会者提供礼物。

弗里希真切地记得接下来所发生的事情："我到谷歌网站，检索'宝石红礼品'，在第一页上，我发现了这些头带，最小订货量只需要 100 条，而且每条的成本不到 3 美元。这是一次真正意义上的 7 分钟市场调查。"

"西南以南"活动上一条不是秘密的秘密就是，与会嘉宾对每一个聚会的邀请都会回复，然后，届时真正到会的大概只是十多位。超级阅览室庆典的情况也是如此，回复参与聚会的人员有 3000 人，走进大门来领取头带的只有 90 人。

弗里希和他的小团队带着剩余的 10 条头带以及大概对公司几乎一无所知的 3000 人的名单回到多伦多。通常的做法就是给这份名单上的人发封电子邮件，内容为"很遗憾您没能来，我们的软件能做这些事情"。

那是通常的情况。而弗里希所用的是另一种方式。

超级阅览室的"西南以南"会后追踪电子邮件的标题是，"你把头带忘在了聚会上。"邮件内容包括了一张弗里希与 3 位客户带着骇人的粉色头带的合照，以及一条简短的信息："你是否想要头带，我们现在只剩下 10 条了。如果想要，请告诉我们，我们会邮寄给你。"

在 75 分钟的时间里，有 150 人回复想要。"我们毫不迟疑地追加订购了更多的头带；不管怎么说，大家想把我们的商标戴在自己的头上！"弗里希这样解释。

看出了这种趋势后，超级阅览室开始在其做营销的所有场合中都使用这种头带，并鼓励大家就如何使用他们的头带拍摄照片。

此后，超级阅览室分发出去了超过 20 000 条头带，粉色头带成了一个话题引爆点。

"在各种大会上，大家总是会走过来找我们，说：'你们就是那家头带公司啊。我的那条已经放在办公室的桌子上了。'"弗里希说。

超级会议室（网络会议）

对于一个想要把态度用作话题引爆点的公司来说，公司名字里并不是都非得要带"uber"的，但是，显而易见的是，带上了"uber"也无伤大雅，因为通过色彩和音色获得口碑的第三个例子就来自于超级会议室。

在前面的章节里我们提到过，超过十分之九的美国消费者不愿意在电话上等待超过 5 分钟。或许这是因为有如此众多的企业在设计待机音乐和信息时，都同样地令人尴尬而又咄咄逼人。

对于该给一位在电话上等待的消费者呈现些什么的这个问题，似乎有截然不同的两种观点。第一种是"冷静法"，公司尝试以超级温柔的音调来平息客户内心的愤怒，这一派以大量的萨克斯乐曲为特色。第二种是，"我们雇了吉米·巴菲特来为儿子的洗礼演唱"的立场，这个时候公司抓住了听众的顺从天性，并认定这是卖出更多东西的绝佳时刻。

超级会议室选择了第三条路，把等待的时间当成一个机会，给打电话的人的生活增加一抹光亮，这些人很少会在拨号时想着，"耶！会议电话！"

2012 年创建于美国旧金山的超级会议室是一家基于网络的音频电话会议平台，该平台还提供在屏幕上分享文件的功能。超级会议室对于 10 人及以下的电话会议是免费的。这当然是一个很大的优惠。结果就是，超级会议室在中小企业中非常受欢迎，在这个系统中每个小时都有数千个电话会议在进行。

在会议的"主持人"加入进来之前，大部分登录进超级会议室系统的人将会听到这首现在很流行的待机歌曲，这首歌曲已经成为了该品牌的话题引爆点。超级会议室的特色之一就是能够上传定制的待机音乐，但是，这首歌曲如此之好，很少有客户会花时间去替换它。

与超级阅览室来自"凯蒂"的邮件承认她自己是市场营销团队的创意一样，超级会议室以乡村民歌风格的歌曲承认待机时的无聊与无奈，而不是假装它很刺激，很有意义。这首歌曲中有下面这样的歌词：

哎，我在这里已经枯坐一天，一直就在这个等待室里

我一直在等朋友们，是的，我呀

就等着这个电话会议，一个人枯坐

我在等待接通

是的，我在等

我盼望不要等上一整天

哈哈

这首歌的作者是超级会议室的联合创始人兼创意总监阿列克

斯·科内尔（Alex Cornell），他告诉《快公司①》杂志："它真的以一种有趣的方式让大家感觉到惊喜；我们看到了很多有关它的推文，每天都有，这简直酷极了。"

　　这首歌当然创造出了大量的客户话题，首席执行官克雷格·沃尔克（Craig Walker）说，这首歌是讨论最多的超级会议室的特色。

Olivier Traverse　　　　　　关注

@otravers

刚刚提前 1 个小时过早登陆 @ 超级会议室，但是完全值得，感谢他们精彩的待机音乐

2017 年 11 月 22 日上午 11:06

Christine Bader　　　　　关注

@Christinebader

我无意间进入 @ 超级会议室寻找一个新的免费电话会议服务；我发现服务不错，但是我刚听到待机音乐，它们现在让我欲罢不能了。

2017 年 12 月 18 日上午 8:20

Hamed abbasi   关注

@lamhamedabbasi

@ 超级会议室上的电话待机音乐是我近几年来见过的最酷的
事情。

2017 年 9 月 5 日上午 11:11，来自加拿大安大略省多伦多市

注册一个超级会议室账号，自己亲自听听。或者登陆 Talk-Triggers.com，你可以在那里找到由科内尔演唱的标准版本，以及由巡演音乐艺术家斯科特·布雷德利与后现代点唱机共同打造的改编版本的链接。（警告：你将会在一段时间之内无法把这两个版本的旋律清出你的脑海。千万不要贪听，否则明天之前你只能把本书扔到一边了！）

可谈论的态度可能成为一个非常有效的口碑触发器，但是必须要符合公司的文化基因，必须真实可信。注意一下超级阅览室，它的粉红头带的创意来自于联合创始人兰迪·弗里希。在超级会议室，待机歌曲由联合创始人阿列克斯·科内尔创作并录制。这绝非偶然。

创始人或者高管打造话题引爆点并不是一个硬性的要求。事实上，本书中的大部分例子都不是由高级领导者提出来的。然而，如果想用态度作为话题引爆点原型，则需要得到组织的每一个层级的认可，包括最高层。态度作为话题引爆点必须得"感觉"真实，而这种情况只有在所有人都做好了准备的时候才会发生。

关于让其他人做好话题引爆点的相关准备的内容，我们将会在本书的最后一部分再做讨论。在第十三章至第十九章里，我们

将会告诉你如何准确地找到、开发、推出并监测你自己的话题引爆点。

现在，本章已经结束，那么你做好了学习如何打造自己的话题引爆点的准备了吗？

在我们告诉你构建、推出并监测话题引爆点的 6 步操作方法之前，此时此刻你有什么感想？你对本书有什么反馈？我们能够为你解答一些什么样的问题？请花上一分钟，在 JayAndDaniel@TalkTriggers.com 上给我们发送信息吧，我们会马上回复你。

第四部分

6步操作法，落实每一个执行细节

话题引爆点操作体系

4 步自查标准，锁定吸引客户的关键因素

5 种类型，彻底点燃客户狂热

6 步操作法，落实每一个执行细节

你已经知道了区分话题引爆点与花招和噱头的 4 个标准，现在也认识了话题引爆点的 5 种类型。我们当然可以就此罢手，就让你掌握着话题引爆点的基础，并期许你最终会学有所成。

但是，我们意识到，简单地认识并区分话题引爆点就像把一本《建筑文摘》（*Architectural Digest*）递给某个站在家得宝的水暖器材通道里的人一样。你来这里的目的是想做点什么事情，而不只是看别人干了什么。在更好地理解这些想法如何从概念变成消费者的对话这个过程中，你必须看看那些混乱不堪的情形。弄清楚话题引爆点应该如何构建及管理，这将会帮助你为自己的组织打造出某种真正独特、杰出而且持久的东西。

所以，在这个部分里，我们将会看到如何系统地研发、测试并实施话题引爆点的 6 步操作方法。

6 步操作法，落实每一个执行细节			
1 收集内部的 灵感	……………… …	2 走近消费者	……
……………… ……	4 测试及监测 话题引爆点	……………… ……	3 形成备选的 话题引爆点
5 扩展并启动	……………… ……	6 放大话题引 爆点	……………… …… 打造下一个 话题引爆点

　　在职业生涯中，对于我们大部分人来说，要是能获得构建话题引爆点的机会，哪怕就一次，都会觉得非常幸运。这并不是因为话题引爆点太过于稀罕；实际上，正如我们在本书中的案例研究中所看到的，它们其实非常平常。但是，话题引爆点是独特的，因为它们一般不由公司里的某个职能部门所拥有。市场营销部门或许在某种情况下会管理它们，而公司的创始人在另外的情况下才会构建它们，就像在开锁匠公司、超级阅览室、超级会议室以及我们其他的很多案例研究中所看到的情况。

　　在为写作本书所做的访谈中，我们花了大量的时间与各家公司一起去更好地理解导致其话题引爆点的整个过程。他们是如何想到了这个主意、克服惰性、让它发生的，并且识别出引领决策的正确标准以保证它能够持续的呢？

　　我们所揭示出来的是一个有趣的模式。尽管话题引爆点想法的来源千差万别，但在大部分组织的应用过程却都是非常的类似：它反映了对客户的一种承诺。本书中出现的公司都是我们做过访谈的对象。他们测试想法，寻找可以让消费者舒心一笑的那些瞬间。他们寻找那些能够成为讲故事的素材的想法。而且几乎在所有的案例中，他们都痴迷于倾听消费者的想法。

我们把所学到的这些内容集中起来，总结为识别、测试以及管理话题引爆点的 6 个步骤。这个过程之所以能发挥作用，是因为它专注于做某种与众不同的事情。这里提出来的步骤是有序而且是系统的，尽管它们在不同组织中的呈现形式或许并不相同。较小的组织会发现某些步骤发生得要比较大组织中的更快。

按照这 6 个步骤，你将会得到自己想要的结果——为企业构建战略性的、可重复的而且有意义的区别点，让消费者一直不停地谈论你。

屠掉障碍之龙

我们在访谈中还有另外一个感悟：要想让像话题引爆点这样的倡议有效，既需要伟大的流程，同时也需要伟大的心态。让一个伟大的思想诞生并马上发扬光大是非常罕见的事情。话题引爆点的表现，从很多方面看都很像一个产品：它们需要永恒地进化、优化、提炼以及用户反馈。一般的话题引爆点经过微小的改变就能够成为杰出的话题引爆点。而且，很自然地，杰出的话题引爆点在市场形势改变的时候也会变得不相关。你需要拥有正确的心态，决不要灰心丧气，并始终维持良好的势头。

解决内部的阻挠，并作为整个过程的主导者，是你作为组织内部的话题引爆点的领袖应有的担当。我们发现，"障碍杀手"

的这种精神，对于开门见山来说是一种非常有意义的心态。你随时都会遭遇反对者，当现实与最初的想法似乎不一样的时候你会很沮丧。出于这个理由，不过分执着于任何一种想法或概念是很重要的。

正如赛斯·高汀在《紫牛》中所写的，"你不等于项目。对项目的批评不是对你的批评"。

在投身于 6 步程序之前，与在其他机构里经历过很多类似挑战的同行联系一下对你会有帮助吗？作为"话题引爆点"的读者，你也是话题引爆点专业社区的一员。这是一个口碑粉丝和爱好者的网络社群。登录 TalkTriggers.Com 网站，了解如何免费注册。我们将会在那里欢迎你，并与你一起庆贺你将要迈出的每一步！

第十三章 收集内部的灵感

此刻，你的脑海里应该充满了各种各样的想法。或许，这些想法中的某一个就是那个完美的话题引爆点！但是，你的这些想法通过了话题引爆点的 4 个标准测试了吗？你考虑过 5 种话题引爆点类型中哪一种最适合你和你的企业吗？

太棒了！

现在，让我们将这些想法付诸实践，留下组织内部的其他人能够理解的逻辑痕迹，以便一旦找到了正确的想法，你就可以坚持不懈，让这个话题引爆点一直发挥作用。从收集内部的灵感入手，将会帮助你认识适合你的机构的话题引爆点类型，解决几个你在这个过程中可能会面对的可能存在的挑战。

6 步操作法，落实每一个执行细节			
1 收集内部的 灵感	…………………	2 靠近你的客户……	
……………… ……………	4 测试及监测 话题引爆点	…………… ……	3 形成备选的 话题引爆点

（续表）

6 步操作法，落实每一个执行细节				
5 扩展并启动	············ ······	6 放大话题引爆点	············ ······	打造下一个话题引爆点

谁知道什么？

在你的机构里打造有效口碑要迈出的第一步，是解锁已经知道的有关你的客户的所有事情——他们想要什么，以及他们如何使用你们公司提供的产品和服务。这是公司内部的人类学工作。

话题引爆点创建过程中的挑战之一，也是维持口碑计划能够持续数年的挑战之一，就在于它并不是由某一个具体的部门真正"拥有"。在现实中，口碑属于每一个人，因为它每次都是举全公司之力（无论企业规模大小）来表述区别点。

口碑工作通常并不能很好地纳入到公司的组织机构图中。是老板的责任吗？还是属于市场营销？属于运营？客户服务？答案是，都是。上面的所有人都必须参与，而且还不止是这些人。

没有伟大的想法就没有话题引爆点。但是，伟大的想法来自于哪里？它们栖息的土壤在哪里？难道就像恶鬼一样藏在桥下？很有可能的情况是，你的伟大想法会神奇地出现在一次电话销售中、一次客户支持对话中，甚至是在餐厅听凯思·厄本①的唱片的过程中。

---

① Keith Urban，澳大利亚乡村音乐歌手——译者注。

但是，"等待灵感"不是打造话题引爆点的可靠方式。等待也做不成其他的任何事情，真的。你需要的是一套实实在在的体系以及一队训练有素的员工，他们能够钻研数据，理解数据，然后总结出有用的东西——也就是一个致力于让口碑发挥作用的团队。

在任何组织里，基本上都会有这样的人，他们对话题引爆点应该是什么有着很强烈的看法。在考虑谁应该参与到话题引爆点的工作中来的时候，不要受到工作职能和头衔的限制。你们公司里最能言善辩的人是谁？哪些人是因为对影响力的应用驾轻就熟，或者因为他们建立了粉丝团而被聘用的？

在《菲兹》一书中，泰德·莱特提醒我们，为什么员工对于我们促成对话的目标具有如此重要的作用："永远不要忘了，员工会对公司的方方面面评头论足。他们也是这个群体中的成员。无论你喜欢与否，他们在结束一天工作离开的时候发挥着品牌大使的作用。"

打造话题引爆点的敬畏三角

你纳入到话题引爆点团队中的人，从某种程度上来说，直接决定了该项工作的结果。把这项工作留给市场营销团队，你最终获得的很可能又是一套战术思想。尽管那也不是毫无帮助，但是要时刻提醒自己，话题引爆点是：一个战略性的具有操作性的区别点，它会在无意间形成口碑。

话题引爆点不是花招；它们是业务选择。

产品的新特点不是话题引爆点。新的生态友好型包装（非常有可能）不是话题引爆点。往好了说，这些都是非区别点，而往坏了说，这其实就是花招。

组建合适的团队是防止花招的一条途径。在《越多越好》（*More Is More*）一书里，作者布莱克·摩根（Blake Morgan）提醒我们不要忘了员工们固有的那些经验。

"员工对什么是为客户创造价值，以及什么是为公司好，有着异常清晰的认识。把面对客户的员工纳入到创造性的设计工作中，将会帮助降低失败的概率。重要的副产品是，参与度高的那些员工将更倾向于接受他们参与建立的改进和变革。"

所以，你会召唤谁参与到话题引爆点的打造团队中？我们称之为敬畏三角。

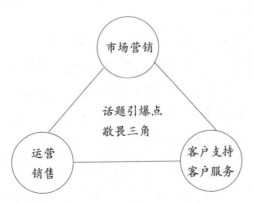

敬畏三角包括来自市场营销、销售以及客户服务的1位或者多位代表。如果在企业里还有市场研究人员，他们绝对应该也是这个团队中的成员，另外，与你有联系的外部广告或者市场代理机构也应该包括在内，尤其是在他们对你的客户有很好了解的情况下。

市场营销部门纳入进来的理由是显而易见的，他们将会是那些肩负在粉丝、客户、员工以及其他利益相关者间促成对话题引爆点进行对话的人。但是，让市场营销部门参与到这个团队中来的主要理由是这个部门处于组织的核心位置。

市场营销通常被认为是企业中最令人激动的部门。他们所做的都是和人相关的事情，并且帮助企业与"人"建立起联系。做得好的话，伟大的市场营销就是捕获并培育契机的机会。这些就是伟大的话题引爆点文化的根源。

同样地，销售或者运营团队将会是对解决客户问题无所畏惧的倡导者。他们每天见证着消费者面临的艰辛。来自销售团队的思想可以解锁探索话题引爆点想法、概念的路径，这些想法和概念对于真正的产品设计来说可能太过深奥，但或许可以让人联想到话题引爆点。

客户服务团队是你的话题引爆点的秘密武器，因为他们最贴近日常的事务。这个团队知道客户在担忧什么样的问题。这是解决问题的第一线，而专注于客户的不满意是发现那些将会对客户具有长期意义的话题引爆点的最佳方法。

我们把这种方法称为敬畏三角，因为它涉及了客户的 3 个方面：你的市场定位（市场营销）、你的独特卖点（运营与销售），以及日常客户互动（服务）。在作为企业顾问的工作实践中，我们听到过很多这样的情况，公司总是为在这些机构中促成协作而疲于奔命，尽管深知这有多重要。你会发现，组建一个话题引爆点团队，可能会是一项有启发而且是建设性的工作。

在接下来的几章里，我们将为你提供组建这个团队的具体练习和任务，但是，你可以从设定基本的规则着手。这些将会让话题引爆点团队成为一个广泛思考和迭代的空间。你应该给这个新团队中的每一位成员布置作业，让他们把作业带到第一次会议上。

话题引爆点团队作业

对于市场营销团队，要求他们为你的公司以及某些竞争对手把下列数据点组合起来。

品牌定位

大部分企业，甚至那些小企业，都会记录下其品牌的声音和个性。这能帮助企业在之后的进程中回顾其品牌的发声情况，对企业发展是很有必要的。

当前的口碑以及社交媒体趋势

要求市场营销人员带来一些当前的研究报告，并考虑口碑趋势，这些可以是你们自己公司的研究档案，也可以是通用的行业出版物。此处，传闻证据就足以让你进入角色并对对话有所贡献了。在下一章里，我们将会再次更加细致地审视社交媒体数据。就目前来说，跟紧趋势即可。

竞争定位

你的品牌如何与对手竞争，让你与众不同的是什么？尽管话题引爆点不一定要从这个竞争定位中直接提取出来（它们中大多都不是），但是它至少能够帮助你得到最初的想法。

市场调研

我们有意识地把这个问题保留成一个广泛的类别，但是它对你的团队把当前的消费者行为数据与经济和消费预测一起看待是有意义的。分析师对形成你的行业的趋势做何预测？有时候，话题引爆点直接与这些趋势中的某一种相联系。新西兰航空的例子就是这种情况，他们选择加倍努力，改进经济舱，它的大部分客户在旅行时都乘坐经济舱。

消费者黏性调查

你可以从好几种不同的途径评估消费者黏性。在此处你想要提出的问题是：消费者今天为什么会继续照顾我们的生意？

净推荐值分析

有些机构对净推荐值（NPS）崇拜得五体投地，我们自己也是它的狂热粉丝。从一段时间来看，净推荐值在一定程度上能够说明组织的绩效和消费者的忠诚度。如果你追踪净推荐值，问问你的组织的得分情况，看看有多健康。分数处于上升中而且方向正确吗？还是已经到达了一个平台整理的区间？这个结论和消费者黏性，能够帮助你解锁一个创造出话题引爆点的机会。

你可能不需要展开一次完整的新的基础研究，以帮助自己识别出话题引爆点。实际上，那样做可能会让你落入到多个让人疑惑的兔子洞中。消费者不喜欢主动告诉你他们真正需要的是什么。

作家扬米·穆恩用洗练的文字描述了这个问题："这是正式的市场调研存在的问题。消费者永远在告诉我们他们希望我的产品应该做得有多好。但是，我们不可能期望他们能够告诉我们这些产品能够有多么的不同。更为重要的是，我们不可能期望他们告诉我们，我们让他们惊喜的可能性有多大。"

当你考虑一下这个问题，就明白了：如果你打算订婚，并且想做点让对方一辈子都念念不忘的事情，真正给你的另一半一个惊喜的话，你会直接去问他或者她梦寐以求的那种订婚场景吗？如此缺乏想象力的做法，你未来的另一半未必会接受。

你的运营和销售团队所接触到的消费者数据和对消费者的认识与市场营销团队是不一样的，所以，他们的作业清单看起来也有些不一样。

胜 / 负数据

当你的销售团队处于竞技场中的时候，搞清楚你们到底为什么会胜利或者失败是很关键的。是什么让消费者选择了你们，或者，相反地，选择了竞争对手？竞争对手用于赢得那些处于摇摆状态中的消费者的具体的价值定位是什么？竞争对手如何描述他们的产品以及他们产品所秉持的承诺？

产品要求

在当前的以及新进的消费者，或者忠实于你公司的那些人中，你至今尚未引入的他们最需要的产品特性或者附加值是哪些？

消费者趣闻与超级粉丝

消费者在想什么？运营团队在现场听到了什么？消费者对产品有何种反馈？这些反馈揭示了什么？对品牌忠诚度较高的用户在想什么？是什么维持了他们的喜爱度？你的产品又和特别之处？

客户流失数据

我们在本章的前面部分提到了观察客户挽留的一种方法。表达同样的问题，还有一个不同的方法：大家为什么不再光顾你的生意了？

这个数据将就你目前在市场上取胜的原因给你提供一些启示，并且可能会帮助你更好地表达出你的话题引爆点方法中的要素。

在客户服务或者客户支持部门工作的好处在于，这些团队成员会持续不断地接触到客户所面对的那些现实世界的问题，同时也会接触到那些问题背后潜在的客户心理。这些负责客户支持的专业人士是你公司里的情绪环。需要他们把茶叶占卜的结果带到会议上来。

呼叫中心记录本

在比较大的机构里，你通常会在呼叫中心的记录上发现一长串的珍宝。这些就是详细记录着客户互动情况的电子表单——他们呼叫的原因、他们从什么地方呼叫、他们属于哪一类的消费者细分等。这些数据描绘出了客户的行为、需求以及期望的详细图景。

"道听途说"

客户支持人员每天都与客户接触，就跟运营和销售团队一样。然而，客户支持对话的语音语调显然具有显著的差异，所以，要求这个团队把他们有关客户行为、心智以及期望与需要的各种"道听途说"也带到会议上来。

你还可以对所有面对客户的团队进行一次内部调查，以发现那些在董事会上没有说或者呼叫中心记录本上没有报告过的事情，从中发现有价值的情况。有没有什么具体问题是客户服务团队希望解决的？有没有什么常见的要求还没有进行处理？

考虑一下荷兰皇家航空公司，他们通过对如何处理机场丢失物品方式的颠覆性改变引发了一个话题引爆点。这个动议不是由管理团队强制要求的；而是由一位起到客户服务作用的员工想出来的，她明白，在处理遗失物品方面，还有一种切实可行的更好的方法。

在新账本公司，联合创始人麦克·麦克德蒙特描述了他的客户服务团队如何获得系统性的授权，为客户带来了一些讲故事的小机会。

"我们在推特上追踪一位客户，我们发现她有一次约会被爽约了。我们给她送了一束花，说：'嗨，我们永远不会放你的鸽子。'这类事情大概是不可能事先计划好的。你得随机应变，然后在必要的时候马上行动。"

在执行层面，新账本团队所完成的并不完全是一个真正的话题引爆点。它实际上只能算是沾了惊喜噱头的边，算不上是一个话题引爆点。但是，其后面的想法具有做更进一步操作并转变成为一个真正的区别点的潜能，这个区别点充分利用了我们的关键条件，让新账本与其他的财务软件提供方具有明显的不同。你听到过世界上还有哪家软件公司给其客户送花的吗？这些都是客服团队能够拿到桌面上，为话题引爆点敞开大门的元素。

收集想法的基本原则

话题引爆点的首次会议只可能是对上面所列举的这些作业的一次汇报。你不应该形成具体的想法，也不应该讨论可能性或者可行性。这是一种很艰难的心态，因为我们一旦识别出了问题是什么并且想要把它解决掉。但是，在听完了所有的情况，并为某些更广泛的思考留出空间之前，你不可能成功处理这些问题。每位成员（或者小组，如果每个部门的参与者有好几位的话）应该就当前的局势提出一个报告。

另外还需要任命一位合适的书记员，记录好整个会议的过程。你需要寻找的重点是：

◎ 我们的顾客中，×% 的人没有汽车。

◎ 我们的顾客中，×% 的人抱怨冰淇淋冻得太硬。

◎ 我们听顾客说，他们喜欢更多的色彩。

◎ 大家说我们的包装很难打开。

◎ 我们的顾客流失到 B 品牌了，因为他们很喜欢吉祥物标识。

◎ 我们的超级用户认为我们通过预防糟糕的决策保住了他们的工作。

最终你会得到这样一份清单，一份应该在团队中作为内部思考开端进行分享的简单文件。这是首次会议的真正成果。不需要任何别的更加复杂的东西。但是，不可能因为一次会议就创作出话题引爆点来，按照我们的经验，收集、分析各种灵感以及凭空想出主意来，使用到的是大脑的不同部位，所以，我们会对它们做区别对待。

在话题引爆点流程中，下一个步骤将是收集额外的客户数据并以此塑造角色形象，帮助你更好地了解客户的喜好、需求以及个性特征。来自上面那些作业中的初始报告将会帮助你探索后续的问题。在下面一章里，我们将要讨论这些数据应该去哪里找、如何获取这些数据以及能用这些数据干什么。

请记住，我们给你准备了大量的其他资源，包括操作指南、图表、报告模板以及其他很多东西。所有这些东西都在 Talk-Triggers.com 网站上等着你。

第十四章　靠近你的客户

"他走了。"

丹尼尔·莱明在自己职业生涯的早期曾经在一家信用卡公司的通信部门工作。他的工作职责之一是在呼叫中心接听电话，并倾听客户的反馈。这是一个老规矩，公司中的所有人都被鼓励参与其中，帮助建立起与客户的感情，并了解他们使用产品的情况。

在一次非常难忘的通话中，有一位客户要求关闭一个账户。这样的电话一般都遵循一个例行的流程。然而，这次的情况更加复杂，因为客户无法提供进入账户所需的验证码。一般来说，给信用卡贷方打电话的应该是持卡人。而在这次的情形中，打电话的人的姐姐忽然离世。她的家人要处理作为她遗产组成部分的金融债务。

当客户的妹妹最后承认自己不是持卡人，事实上持卡人已经过世的时候，客服代表被惊呆了。

慌乱中了解到致电人不知道密码后，客服代表手忙脚乱地寻找正确的内部程序来解决这个问题。最终，他找到了自己脚本中正确的那一部分，帮助客户解决了问题。但通话过程中令人尴尬的长时间停顿，这个缺憾无论是客户还是客服代表都无法完全弥补。对于丹尼尔来说，这是一个终生难忘的电话，因为它说出了一个致命的重点：你不可能知道客户将会以何种方法来与你的产品互动。就算写下了 993 份电话脚本，你也会很快遭遇第 994 种状况。

不可能从市场调研、年度调查以及呼叫中心记录本中了解到有关顾客的所有事情。所以，坐在舒适的会议室里很难打造出让顾客吃惊到足以让他与朋友和家人分享故事的话题引爆点。在大部分的调查中，顾客真正的需求是很难被完全了解的。当然，他们可以在评分表上按 1 到 10 的打分标出他们"想要的"东西——更快的速度、更低的价格、更快的处理器或者更多种类的三明治配菜，但是，他们很少会告诉你他们真正需要什么。

回想一下第八章中的格伦·戈拉布医生：在手术前致电患者而不是像大部分医生所做的那样在手术后致电，这或许是个不错的想法，这样一个奇特的灵感就是由对客户的关爱所形成的——理解患者在牙科手术前听到医生的声音可能会使他感觉更加安心。调查确实会说明客户想要什么：来自医生的电话。不同的是什么时间打电话这种细微差异：帮助患者在事前管控心情以及提前出现的焦虑，而不是在事后。

调查和研究主要告诉你从表面上看客户想要什么。那是很有价值的事情，而且肯定是话题引爆点的来源。但是，在做调查的环境中，很少会有顾客能够切实地分享他们真正需要什么，以及什么做法能够超越他们的期望。在调查中你或许会知道他们想要价格更低的产品。但是这是否意味着降价会帮助你为品牌打造出口碑？大概不会。你只是简单地满足了他们的期望而已。

同样的差异也能从佩恩、特勒组合在演出结束后招呼观众的仪式中看出来。他们这样做是因为在如此令人难以忘怀的表演之后，大家不希望精彩的魔术表演就此结束。他们不一定需要与佩恩、特勒组合会面并打招呼。他们真正想要的是让这个时刻能够持续下去。这就是他们的方法如此有效并产生出这么多的口碑来的原因所在。科波菲尔的方法是只在特定的晚上收取额外的费用来与观众见面和打招呼，这就打造不出来口碑了，因为这只是满足了观众的期望。

在消费者想要与消费者"真正"想要之间的阴影部分，就是话题引爆点通常会驻留的地方。

6 步操作法，落实每一个执行细节			
1 收集内部的 灵感	………… …	2 **靠近你的客户**	……
………… ……	4 测试及监测 话题引爆点	………… ……	3 形成备选的 话题引爆点
5 扩展并启动	………… ……	6 放大话题引爆 点	………… ……	打造下一个 话题引爆点

让团队走近客户

第十三章中讲到的敬畏三角的话题引爆点团队全都拥有不同的数据和对客户的不同看法。正如上一章中所归纳的，话题引爆点工作的首次会议将会对当前已知的来自每个团队成员所属领域的数据进行解读。

自这个启动会议开始，你们将会开始以集体的形式提出其他的问题。大部分的情况下，你没有任何能够回答这些问题的数据。这些问题可能会很难回答，诸如下面这些：

◎ 消费者如何体验我们的产品？

◎ 消费者今天为什么会喜欢我们？

◎ 在没有提示的情况下，消费者怎么评价我们的品牌？

◎ 在没有提示的情况下，消费者怎么评价竞争对手或者合作伙伴？

◎ 产品体验的哪个阶段是我们导入话题引爆点的最佳时机？

像这样的艰难问题只能通过尽可能走近客户后才能够解答。你拥有很多种不同的机制来达成这个目标，所以，让我们一个一个地讨论它们。

消费者调查

调查数据并不总是灵感的源泉，但这没什么问题。你应该使用来自于各种消费者洞察工作中的现有数据，开始分析你目前所知道的情况，这些工作你或许在上一步中已经做了（详情参见第十三章）。这就让你对客户的行为、意见，甚至消费心态有了一个初步的印象。

随着时间的推移，把调查数据当成消费者体验的期望基准线的好处就会愈加明显。甚至9个月前顾客看中你的产品的理由到现在也可能已经改变了。例如：如果车里有点烟器的话，你上一次使用这个设备是在什么时候？然而，在很多车里，电力适配器（USB 接口或者是插口）现在依然还是可选配件。虽然很多人已经不再抽烟了，但是对于大部分消费者来说，对电力的需求已经不可或缺。这些微小的改变不一定会让你赢得什么大奖，但是能让你避开对你的话题引爆点未来的成功非常具有破坏性的东西：口碑之敌。

还是拿上面电力接口的例子来说，建造一个可以与"照片墙"相媲美的车厢是完全可能的，但是细节问题（比如，像缺乏电力接口）会让你无法完成自己的使命。在消费者眼中值得一提的事情就成了你真正的话题引爆点。"汽车有镶钻的方向盘是很棒，但是却没有办法给电话充电。"

做好这些小事情可以让你与竞争对手一决高下，而且消灭掉这些口碑的敌人。

社交媒体对话数据

我们的分析结果以及很多其他的研究项目都让线下口碑的价值得到了更多的认可。那么，社交媒体还重要吗？

是的。

事实上，按照管理实验室的一项研究成果，大约 50% 的口碑发生在线上。

没有培根，还能吃到培根、莴笋、番茄三明治吗？没有钢琴师，还能演奏爵士三重奏吗？有可能，但是最好的培根、莴笋、番茄三明治中，绝大多数都得益于培根，而大部分的爵士三重奏都需要有钢琴师。社交媒体是口碑的组成部分之一，这个部分帮助形成了话题引爆点的传播价值，同时它也反映出顾客是如何理解你的品牌的。

我们看社交媒体数据时会有一些考虑。例如：社交媒体有关你品牌说法的腔调可能偏向两个极端，不能正确反映出绝大多数消费者的意见。社交媒体上有关品牌的对话类型只能反映出消费者基数中很小比例的那部分人的意见，以很不精准的方式偏离了分析的初衷。

正如我们在第二章中讨论过的，我们与受众调查公司一起进行的研究证实了线下和线上口碑之间存在着多大的差异：面对面访谈时，提到希尔顿逸林度假酒店和芝乐坊餐厅的人数，每10人中超过了9人，而在社交媒体上，每10人中却不足3人。

因而，我们有理由这样推断：社交媒体有助于让有关话题引爆点的对话成为实际的口碑对话。与你过去或许曾经测试过的某些概念不同，社交媒体对话不是话题引爆点的首要目标；相反，它只是一个副产品。这正是把话题引爆点与一个所谓的"惊喜而愉悦"的战略区别开来的地方，"惊喜而愉悦"的战略针对的是顶级的影响者，并不是整个顾客群体都有份享受的那部分。

那么，要在社交数据中找什么呢？它与你的关系不大而更多的与消费者有关。社交数据帮助你量化下面这些信息：流行的是什么，顾客在生活中分享关于你品牌信息的意愿，以及什么东西在影响他们。采用任何可用的社交媒体监测信息获取词云和内容领悟等信息并不难。

推特从最初出现时起一直都有一个简单得令人吃惊的提示：在发生什么？

在解析社交数据的时候，你就可以提出这个问题：我的顾客在经历什么情况？查看一段时间内的社交数据，将会帮助你把造成正面或者负面讨论峰值的那些外部因素的数据调整至正常的水平。

既然已经掌握了这种技能，你可以为你的竞争对手做一套报告。要是能为那些你所仰慕的品牌做一套就更好了，尤其是那些其他行业的品牌。

产品或服务的使用数据

我们在前面曾经说过，你并不总是能够预测消费者会怎样使用你的产品。如果按照自己心目中的一套固定的特性构建出某种东西来的话，你最终可能会发现普通消费者的独创性让你自愧不如，他们会找到另外一种不同的方式，或许也是更加新颖的方式，来体验你的产品。

这一点，再也找不出比现在已经不是秘密的 In-N-Out 汉堡（In-N-Out Burger）的秘密菜单更好的例子了。这家快餐连锁店最为人所津津乐道的就是一份有限的菜单——主食就是汉堡包，顾客可以加或者不加乳酪。对于某些顾客来说，那不算是一份能够令人欣喜的菜单。但是，该餐厅却有一群称得上疯狂的粉丝群体。

该公司很少宣传，而且几乎没有传统的市场支持手段，他们所做的就是按照顾客的期望来订制菜单。你可以要多个小甜饼以及多片乳酪片，用焗洋葱替换新鲜洋葱，或者用生菜卷替换圆面包。这样的排列组合无穷无尽，但是他们创造出了足够多的品种变化，并且让这个做法能够持续下去。今天，他们的菜单仍然还是只列出了4种基本的选项：汉堡包（单个或者加倍）以及乳酪三明治（单个或者加倍）。

销售对话、访谈以及消费者服务电话

请实话实说：你上一次听到真正的消费者的声音是在什么时候？

把宝贵的时间花在只与一位消费者坐在一起这样的事情上似乎是很浪费，但是，从这个经历中所了解到的东西可以改变你看待自己公司和品牌的方式。在很多创业项目中，包括业界口碑不错的科技孵化器Y Combinator，公司的创始人每周至少与十几位真实的客户交谈是一个很实际的目标。

好消息是，一个结构完善的话题引爆点团队能够给这些对话带来一定的规模。如果你的团队里有销售部门的同事（而且这是必需的，如果你接受敬畏三角的话），他就会用他们每天与潜在顾客交谈的经历来指导你。对于客户服务团队来说，情况也一样，他们可以与你分享从消费者旅程的另一端所获得的感悟。

你将会发现，与至少十几位客户通电话（或者面对面交谈），请他们跟你分享一下自己的体验是非常有价值的事情。这项工作可以从你在启动话题引爆点会议上形成的问题清单着手。你会想听到顾客真正的体验和看法，他或者她为什么喜欢（或者不喜欢）你的产品，以及对于他或者她所忠实的其他品牌，他们喜欢这些品牌的什么东西。

当我们启动一个咨询项目的时候，在开始电话调查的过程中，我们总是以一个重要问题收尾：是什么让你觉得这项工作已经成功了？

当与顾客交谈的时候，用下面这种性质的开放式问题收尾，结果通常会很不错：作为一个品牌，我们今天让你产生了一种什么样的感觉？

如果顾客的回答是"没太多的感觉"，那你会清楚地看到自己面前有多少工作在等着你。没有人会谈论那些没有让他们产生出某种感觉的产品或者体验。这里就是把一个无区别产品的好处与话题引爆点区分开来的地方。有时候，当消费者对一个品牌没有强烈感情的时候，我们就需要重新审视，为什么这些东西会让他们如此无动于衷。

亲历顾客的体验

下面是另外一个问题，请再次诚实回答：你上一次体验自己或者竞争对手的产品是在什么时候？

这个世界上，任何的调查研究、社交媒体以及人口普查都无法代替亲身体验。当考察那些类似于竞争对手如何定位其产品或者围绕产品产生出了怎样的满足之类的问题时，亲自走一遍销售流程或者产品体验的全过程，哪怕只是其中的一段，都可以让你对体验后的那些缺陷有更清醒的认识。

尼古拉斯·韦伯（Nicholas Webb）在其著作《消费者渴望什么》（*What Customers Crave*）一书中，把这种情况描述为接触点创新或者说是"在提供体验的那些地方创新，而不是在会议室或者实验室里，这些地方距离顾客对服务或者产品的实际体验太远"。

如果你的产品属于能够在零售环境中被购买到的那一类，你会发现带着一个孩子一起去体验会很有趣。这些孩子在看世界时，不会带有价格、促销或者位置方面的偏见。通过观察他或者她那幼小的心灵如何看待每一个产品，你的脑中或许就会有某种想法冒出来。

另外一种体验产品的方式，就是在各种极端情况下检验体验的情况。

汤姆·卡林萨克（Tom Karinshak）是康卡斯特公司（大型电视、互联网、电话以及家庭安保服务公司）负责客户服务的执行副总裁，他就经常这样做。为什么？因为他想看到客户体验的全貌，既在最佳的地方，也在最差的地方。在收费部门里，一款让人不可思议的产品必将导致一款不受欢迎的产品出现，至少对客户群体中一定比例的人来说是这样。这肯定是一个话题引爆点，但是却属于负面的那一类。

正如你在第八章中看到的，美国收账公司的团队知道这一点，而且基于这个原因打造出了一项完整的业务。关于美国收账公司的业务，你还知道什么其他有意思的事情吗？它的呼叫中心团队中，超过60%的人曾经是美国收账公司的顾客。他们欠着医疗费，但他们选择申请了这份工作。

塑造角色

在经历这些练习和体验的过程中，你将会自然而然地开始回答一些首次在话题引爆点会议上提出来的问题。你开始能够更好地理解消费者。如何表述你对消费者和消费者行为看法的方式，与另外一种你应该很熟悉的技术——描述顾客角色，具有显著的相似性。一般来说，顾客角色就是一个虚构人物，他代表了你理想化的或者典型的顾客形象。有时候，他们甚至会是一个真实顾客的各种剪影，这个顾客代表了平均的或者理想化的客户形象。

所有这些都是强大的，因为它们是相互关联的。而且，只有当它们被记录和写下来的时候，才会发挥作用，所以，在这里请帮自己一个忙：记录下你的直觉！为了你能够做好这项工作，我们在 TalkTriggers.com 上开发出了一些模板。下载并使用这些模板，或者复制它们并创造出某些属于你自己的东西。这是把你引向切实可行的话题引爆点的逻辑线索的一个组成部分。

坚持不懈地超越平庸

所有的这些练习以及你从中学到的知识，其目的都是为了让你能够跳出数据，进入到实际工作中。

安佳·斯塔斯是安特卫普弗兰德斯会议中心的首席内容官（CCO），她总结了走近客户的关键特性："这是市场营销最基础的原则。你不是从胡说八道自己有多伟大开始……你是从穿上客户的鞋走路开始，并且尽量弄清楚如何才能够使他们的日子过得更好。"

在下一章里，我们将讨论如何打造出能够实现这个目标的思想。

第十五章　形成备选的话题

没错，你可能刚好有了一个有意思的话题引爆点想法，那就试试吧。但是，有意而为总是要胜于灵光一现。大量善意的，甚至可能是伟大的想法都停留在了起跑线，因为这些想法缺乏正确的氛围，或者没有合适的条件。

有些宏大的想法失败了，但是后来又杀了个回马枪。蓝带啤酒在嬉皮士群体中被简称为 PBR，从 20 世纪 80 年代开始，这个品牌曾经经历了数十年的艰难岁月。《菲兹》一书的作者，同时也为本书写了序言的泰德·莱特，引领了这个以不矫揉造作为代表的品牌的回归。从自行车信使竞赛到辛普森弹球游戏，PBR 成了日常耍酷的某种符号代表。PBR 的话题引爆点确实是围绕其顾客每日有趣的所作所为而构建的。对于这个公司或者新的市场营销活动来说，这算不上什么新的方法。这是 PBR 一直以来所做的事情。

一段时间之后，其他的各种想法由于被抄袭而相互纠缠不清。过去，希尔顿花园酒店凭借其订制化的大床以及花园睡眠系统，一度位列市场领导者的行列。现在，很多酒店也在提供这种服务，所以它不再是区别点了。

想法并不总是以显而易见的方式，把自己包装成胜利者或者是失败者。实际上，很多优秀的思想往往在一开始的时候显得很白痴。

这种模棱两可的情形很好地说明了大家正在面临的困难。我们如何把伟大的想法与不好的想法区分开来？继续前进并坚持那些已知的事情总是要更容易一些。我们知道，某些潜在客户开发的计划能够提高回报，某些季节性的活动肯定能够提升年终的销量。那为什么不继续把这些事情做好呢？

很有必要重复一个要点：拾人牙慧很可悲。

同样也有必要提醒自己：继续做那些事情是完全值得的。

6 步操作法，落实每一个执行细节			
1 收集内部的灵感	....	2 靠近你的窗户	......
....	4 测试及监测话题引爆点	....	3 **形成备选的话题引爆点**
5 扩展并启动	....	6 放大话题引爆点	.... 打造下一个话题引爆点

话题引爆点的想法毫无疑问很具有挑战性，而且这种挑战的出现也有充足的理由：它们不一样。但是，就其本身来说，它们不是市场营销。要是做好了，它们能够产生市场营销的效果。话题引爆点不是造势活动、不是噱头、不是口碑行销事件，也不是影响者活动。那么，我们将从何入手？

识别潜在的话题引爆点

要产生出切实可用的话题引爆点想法，需从对你和敬畏三角团队在上面两章中学到的所有知识的重新梳理入手。

在规模比较大的公司里，话题引爆点团队是一个实际存在的组织，你可以把敬畏三角的队员召集到一间会议室里来做这件事，但是，这一次的议程不同于以往，以一种全新的视角。这次会议也许是自从启动会议之后，重新集中召开的首次会议。

对于小一些的公司，每个人都身兼数职，你自己可能就是敬畏三角，可能就得采用不干胶贴纸来做这个练习了，但是，请给你自己行个方便，从几个不同的方面来展开它。写下自己的问题和答案，每个问题用一张不干胶贴纸。

无论用哪种方式来处理灵感规划的这项实际工作，你都会遇到我们在第十四章中讨论过的那些问题：

◎ 消费者如何体验我们的产品？

◎ 消费者今天为什么会喜欢我们？

◎ 在没有提示的情况下，消费者怎么评价我们的品牌？

◎ 在没有提示的情况下，消费者怎么评价竞争对手或者合作伙伴？

◎ 产品体验的哪个阶段是我们导入话题引爆点的最佳时机？

通过从消费者的角度检视企业之后，对于如何回答这些问题，你会感觉自己有了更好的想法，而团队中的不同成员也会有不同的看法。

这是话题引爆点想法产生的肥沃土壤——以直觉、边注或者一闪而过的念头的形式出现的想法，可能是真正切实可行的想法的种子。把它们记录下来，并且保留这些想法，哪怕它们全都是突然涌现出来的。你现在还不需要太多操作性的细节（如果有的话），而只需要思想的种子。

回答这些问题，形成关于话题引爆点的想法。

那么，具体来说话题引爆点的想法如何才能出现呢？

从要求自己和团队牢记话题引爆点的4个R入手。这4个R是：

1. Remarkable（杰出的）：值得谈论的某种东西；

2. Relevant（相关的）：符合品牌的内涵；

3. Reasonable（合理的）：不是噱头，也不是"病毒"思想；

4. Repeatable（可重复的）：针对所有的消费者，而不是只针对那些从VIP（重要客户）或者影响者名单中挑选出来的人。

然后，填入到空格中。真的是填空。我们真的为你制作了带有空白栏的电子表单，可以从 TalkTriggers.com 网站上下载这份表单。

在你回答下面的问题时，请像一个真正的消费者那样作答。我们按这种方式编写，方便你在心里表述。请站在消费者的立场，可以是一位你曾经遇到或者交谈过的消费者，也可以想象一个你自己作为买家时所经历的时刻：

当我购买或者使用这个产品/服务的时候，我 _____；

我不期望从该产品中得到的是 _____；

我现在在现实生活中正在谈论的是 _____；

我想要的是 _____；

我真正想要的是 _____。

这些简单的问题解锁了首次会议后从所有的数据、调研以及客户交谈中获得的大部分价值。你也可以添加一些自己的问题。从此处获得的想法将会让你吃惊不已！

也请尝试考虑伟大思想中的其他元素。例如：重新考虑一下话题引爆点的 5 种类型：

◎ 可谈论的关爱：以顾客的价值观来调整公司（或者产品）的价值观。

◎ 可谈论的有用：如果这是你所处行业中最有用的事例，它就是可谈论的。

◎ 可谈论的慷慨：做一些额外的事情是可谈论的，因为，坦率地说，很少有人愿意这样做。

◎ 可谈论的速度：速度是令人难以忘怀的，而且会产生出伟大的故事，尤其是在当今的这种情况下。大家都太忙了！

◎ 可谈论的态度：你能够在语气上持续地做到非比寻常吗？

会议开到这个时候，你应该至少有几个想法了。它们从表面上看起来或许显得既愚蠢又可笑，但是，只要符合话题引爆点的基本要求（杰出的、相关的、合理的、可重复的），就不要放弃它们。至少现在还不是放弃的时候。

用图表表示复杂性

打造备选话题引爆点的最后一步就是优化。

如果你的组织对于话题引爆点的整体概念还没有任何概念，你需要留意那些增加的投资和机会成本。是的，你可以重新设计产品让它更加杰出，但你或许并不需要那样做。解决内部的阻力以完成如此重大的工作，这当然会很艰难。

我们喜欢把那些话题引爆点想法标示在网格上，既能帮助指导对一种想法进行初步测试，同时也能够帮助指导该概念在组织中的演变。很多组织中都有一些已经存在了很久的话题引爆点，这些话题引爆点为应对时刻变化中的消费者需求、新的市场现实以及竞争而一直都在不停地演变。希尔顿逸林度假酒店并没有从一开始就在入住登记时提供热饼干。它开始时只是酒店开床服务的一种礼节，后来它变得更受欢迎而且对品牌的影响力更加举足轻重，最终发展演变成现在这个样子。

为了更加视觉化，我们打造了一份复杂性图示，如下所示。

复杂性图示

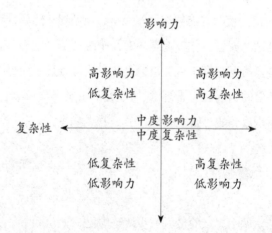

这张图有两个主要变量：复杂性和影响力。

但是，在进入下一步之前，你或许想要一份视觉教具。请登录 TalkTriggers.com 网站，下载一份这个图表的可打印版本。

复杂性确实就是你想的那样：搞定这个事情有多难？在你回答这个问题的时候，做到实事求是是至关重要的。那些最终被证明很难重复的话题引爆点可能过不了消费者那一关，而且可能也得不到认可。

图表上的另一个变量是影响力，一开始它会让你很难理解。如果你有了一个关于话题引爆点的绝妙想法，仅仅只是问一下顾客是否喜欢，不可能让你对它潜在的影响力产生出任何具有实际意义的直觉。那是因为消费者对他们之前没有见过的东西很难有明确的概念；另外，也因为他们大概从来没有考虑过你提出来的这个想法，所以他们不大可能会明确地告诉你他们是否愿意把这个故事分享出去。

是的，的确会有那么一些想法，显而易见是会成功的：五人企业和它（几乎是无穷无尽）的薯条是个很好的例子。但是，让消费者去想象另外的那些想法就会很艰难，比如，像毕业生连锁酒店以及它的房间钥匙。

所以，这项工作最好以递进式的方式逐步推进，而复杂图示就能够帮助你规划出达成这个目标的步骤。

拿出想法清单，对其中每一个想法的可操作性的现实情况进行简单讨论。你能够以一种可以重复的方式完成这项工作吗？

你会有一些想法，它们执行起来要比其他的想法更加容易些。

这确实很理想。

你最终得到的结果就是那些出现在复杂性栏目中的那些想法。我们下面就来看看每一个栏目的优点。

低影响力，低复杂性

标示在这个栏目中的想法执行起来非常简单，但是可能产生不了太多的结果。例如，你的想法是使用咸太妃糖替代包装材料，那肯定会被关注，而且也可能产生一些口碑。但或许对于消费者来说，这种做法并不能让他们感觉到太多的可谈论的点（甚至就算你认为它通过了4个R的测试）。即使这样，也不要太急于将具体的话题引爆点对你的业务产生的影响力妄下结论。因为容易做并不意味着其影响力就低。

高影响力，低复杂性

五人企业以其话题引爆点稳稳地站进了这个类别里，并且准确地阐明了为什么对一种想法的影响力不做预判是至关重要的。这个品牌已经在做薯条，而且是大量的薯条。当开始给袋子里添加额外的薯条时，他们根本不知道这种做法对其业务会产生怎样的实际影响，但是，顾客对这种做法有多喜欢都不会让人吃惊。现在，是话题引爆点自己在发挥作用，而且帮助五人企业从竞争中脱颖而出。一直以来就是这个同样的话题引爆点，公司只是收获做到与众不同所带来的回报。

高影响力，高复杂性

关于某个想法，如果你对某种东西感觉尝试得太艰难，你可能就会想要遵循自己的本能。在任何话题引爆点中，与生俱来的简单性都是一种美好的东西。但是如果你提出来的某个想法太过复杂，甚至让你担心消费者可能都无法理解的话，那你或许就需要对这个概念重新考虑一下了。

归类在这个栏目中的想法不是那种一蹴而就的备选话题引爆点。做一些打磨，它们能够切实地变成伟大的想法。想象一下，如果五人企业最初的想法是给每个袋子里添加大量的鸡块，哪怕顾客根本没有点过。

第一，五人企业不卖鸡块。所以，很明显这在操作上会有很大的复杂性。但是，消费者可能会左右为难。它似乎该产生出大量的口碑——还有谁会这样做？员工应该不会喜欢这个主意，他们对增加操作复杂性以及对它可能在消费者中导致的困惑感觉到担忧。

经过一些修改之后，鸡块的想法变成了额外的几勺薯条，一个非常复杂的想法就变成了一个真正简单、伟大的想法。

相反，有时候在这个栏目中的想法是如此聪明，聪明到让人害怕。如果你曾经读过赛斯·高汀的著作《紫牛》，就应该熟悉关于荷兰小子涂料的故事。如果没读过，下面是故事的要点：荷兰小子发现，涂料真正的痛点是涂料罐。于是该品牌重新设计了罐体，在罐体上增加了一个可以倾倒的口。通过引入可倾倒的涂料罐，荷兰小子彻底改变了自己所属的栏目。

现在，你可能会说，改变罐体的工作非常复杂。是的，真的是很复杂。但是，荷兰小子必须得将涂料装到某种东西里面。

赛斯·高汀对荷兰小子的战略性亮点的总结是："这如此简单，简单到让人害怕。他们居然改变了罐体。"

中影响力，中复杂性

有些公司组建的初衷就是为了比其他公司能够更好地处理复杂性事件。而且公平地说，复杂性是一种主观的认识：某个组织或者公司觉得复杂的东西，其他组织或者公司也许会很擅长。五人企业一直让其话题引爆点保持简单，而新西兰航空的话题引爆点却复杂得令人难以置信。

你或许会想到第七章中关于记者俱乐部的故事。在顾客离开的时候，员工会给每一位客人送礼物，包括沙丁鱼罐头。这种做法或许可以被看成是一种中主影响力，中度复杂性的话题引爆点。它操作起来不复杂，但是确实需要团队付出比类似五人企业的"额外薯条"更多的努力。

克服内心的惰性

"我们永远也做不了那样的事。"

"不大可能吧。"

"你能想象法务的人会说什么吗？"

很有可能，法务的马克（Mark）会对你的话题引爆点有话说。采购的罗梦娜（Ramona）也是。同样有话要说的还有，运输的弗兰克（Ramona），销售的埃里克萨（Alexa）以及那位老是莫名其妙地一直在追问传真机放在什么地方的暑期实习生。

你要听他们的意见吗？只能在他们拥有贡献意见的正当理由的情况下。

在过去的岁月中，我们发现的是很多员工和消费者都存在这样的情况：他们没有能力想象那些不一样的事情。要想与众不同很难。与众不同可能是对人类缺乏想象力的一个不幸的警示。

担心是造成前进道路上那些需要克服障碍的最常见的原因。要么是堵在你面前的看门人害怕这种想法没有作用，这种情况有可能回击到他们身上，要么是他们担心这种想法有效，它的成功将会在一定程度上影响到他们创造力的好名声。

当然，除了担心，还会有其他的阻碍。

"我们没有预算"

这是很常见的一个。没有预算吗？过滤一遍你的话题引爆点想法清单，找出那些不用花钱的概念。事实上，很多话题引爆点是不用花钱的，或者是几乎不用花钱的。让电话线路直通到首席执行官的办公室，真的花了乌姆普夸银行的钱了吗？就是一条电话线路而已。分行里早就已经安装有电话了。当然，乌姆普夸银行需要一部特制的银质电话机和一个标志牌。但只是在一个已有科目的基础上做了略微的增加。

毕业生连锁酒店打造可谈论的房间钥匙牌花钱了吗？花得很少。制作钥匙牌本来就是必需的。现在它只是做一个与众不同的钥匙牌而已。

如果成本是你主要的障碍，那么请在你的话题引爆点想法清单中搜寻出符合下面这种模式的想法来：拿出某种你已经在做而且已经付过钱的东西，并且尝试以不同的方式去做。这种策略一般都能够消除对支出失控的担心。

做某件事情的费用也可能是对你有利的一种论据。还记得我们在第十章中讨论过的斯基普家的厨房吗？斯基普·瓦尔送出了大量的免费菜品。每次当某个人抽到大王时，他们那一餐就算餐厅请客。这个话题引爆点产生出了相当多的口碑，足够了，他可从来没有在广告上花一分钱。

省钱肯定不是一件会让任何人抱怨的事情，尤其是在这个人以"但是我们没有这笔钱"开始这场对话的情况下。你说对了，我们没有！

"我们无法监测它"

嗯，确实是这样的：口碑不容易监测。它大都发生在线下，所有监测设备的监测范围之外，这让人感觉好像是无法认知。如果上个周末的假日聚会上98%的人都提到了你的烘焙食品，你应该会在业务中看到了一波小高潮，但并不一定会在意，也不会想着去问问大家是怎么知道你的产品的。

跟很多工作一样，话题引爆点需要做有条理的规划，以便进行有效的监测。一种常见的方式就是提出我们常常会忘掉的那个简单问题：“你是怎么听说我们的？”如果你在监测反馈情况，已经测试了一个话题引爆点，并且在“我从朋友或者家人处听说你们的”这个类别中出现了一个高峰的话，那你就完全可以很放心地把这个想法与结果关联起来了。

处理相关性与因果关系带来的挑战肯定会让至少一位你的同事感到头痛，或许，在你努力想弄清楚如何评价你在话题引爆点中构建的那些内容时，你也会感到头痛。我们将在下一章里更加详细地讨论有关监测的问题，并教给你一些具体的技术。现在，在解决这个具体的批评意见时，告诉你的同事（或者自己），话题引爆点是可监测的，只是或许不能以过去习惯的那种方式进行监测罢了。本书里的那些案例研究会给你一个具体的例子，让你时刻装在贴身的口袋里。既然它能够对芝乐坊餐厅、温莎旺木材公司、新账本、希尔顿逸林度假酒店以及无数的其他机构都是有效的，那你也一定能够找到让它对你有效果的方法来。

“太复杂了”

这个关切有其合理性，而且或许它告诉你有必要重新再去看一下复杂性图示。某些想法在操作上可能表现出比其他想法更加复杂的一面，在尽职调查的过程中，你需要听取那个忠告。

通常，隐藏在这个说法后面的意思是对变革的一种不满，它或许并不真的是复杂，只是不同而已。

"要是他们不喜欢该怎么办？"

这个问题的答案很简单：没有人会谈论它。在任何地方都看不到任何信心，你就会有另外的想法。但是，要是他们喜欢它又会怎样呢？

这个问题更多的是关于企业文化的，而不是好奇心。

某些公司已经如此依赖于市场营销支出，以至于非常难以接受不同的现实。

在第一章里，我们了解了芝乐坊餐厅和达登餐饮（橄榄花园餐厅、首都烤肉、庭院餐馆以及很多品牌的运营者）之间非常真实的差异。芝乐坊餐厅这家在餐饮界拥有最佳口碑的品牌，仅在广告上花费了总营业额的 0.2%。相反，达登餐饮每年在广告上的支出超过了 2.7 亿美元。

这两家公司的文化差异非常大。你公司的文化对当今广为认同的话题引爆点的接受度还不是那么高。从小事着手，逐步建立信任。你会心想事成的。

既然已经有了备选的话题引爆点，现在是时候确定它们在客户中促成对话的影响力和效果有多大了。在下面一章里，我们将告诉你如何测试及监测具有实操性的那些区别点。

第十六章　测试及监测话题

那些需要时间慢慢自然成长的东西总是招人怀疑。我们太习惯于快速起效，尤其是在市场营销领域，以至于有意识地减速几乎会让人觉得很不自然。

这种情况就像用夏季种植的食材制作感恩节大餐。在跨度为几个月的过程中，你得不紧不慢，小心谨慎，除去杂草，清除害虫，一直熬到可以从树上摘下果实、从藤蔓上采摘蔬菜的那个时候。这个过程缓慢而有序，但是它留下了一段挥之不去的印迹。

现实的情况就是，话题引爆点招致怀疑。毕竟，要是口碑如此显而易见而且同样容易观察到的话，这本书就不那么有意义了。

但是，这并不意味着话题引爆点真的很难监测，因为它们并不难。只是它们很难用你和（更为关键的）你公司里的反对者过去所习惯的那些方法来监测。按照定义，口碑开花结果需要很长时间，因为它主要依赖于一位消费者，靠这位消费者去把有关你的消息告诉给另一位（或者几位）潜在的消费者。

6 步操作法，落实每一个执行细节			
1 收集内部的 灵感	············· ··	2 靠近你的客户	······
············· ······	**4 测试及监测** **话题引爆点**	············· ·····	3 形成备选的 话题引爆点
5 扩展并启动	············· ···	6 放大话题引爆点	······ 打造下一个 话题引爆点

然而，口碑在个人层面更具说服力，而且也更为有效，因为是一个真实可信的人在对其他真实的人做推荐。

尽管口碑的现实体验属性正是让它发挥作用的原因，但是，颇具讽刺意味的是，相应的即时性的缺乏却是让很多潜在的实践者感到失望的地方。

你需要给话题引爆点一点时间去发挥作用。当面对自己公司里那些没有耐心的怀疑者的时候，你需要弄清楚他们的立场。是的，他们有可能是坏人，但是，一般情况下，他们关心的其实是加大了的投入。所以，改变一下话题。让他们去谈有关方法的问题而不要谈论时间线。好消息是，证明你成功与否的标准不是一次活动，也不是一次媒介购买，而是口碑内生性地稳步成长。稳步成长是一件可以扩展的事情，因为它不需要公司更多的投入。它的发生是有机的。但是要实现这个目标，你得慢慢开始，形成效能逐步增强的局面。

就算你相信自己创建了终极的话题引爆点，客户也可能会不认同，认识到这一点也很重要。毕竟，你并没有穿着他们的鞋。你对自己的产品或者服务要比他们更了解，而且你在办公室里听到的那些声音也不见得会以同样的方式传到他们的耳朵里。

为什么一定不能只按照计划好的程序确定一个可行的话题引爆点，把它推向市场，然后就等待着欢庆胜利？原因就是这种潜在的认知偏差。因为，要是没有效果怎么办？如果不够杰出，不足以激发出对话又怎么办？所以，首先要测试并监测备选话题引爆点，以更好地确保它对消费者产生出所期望的效果，这是必不可少的一步。

你知道 1 万年以前某个人是怎么说的吗？"嗨，我们应该尝尝这只鳄梨。"或者，某个女孩问，"如果我们找到一种办法，把所有这些危险而且有毒的刺弄掉会不会更好？我打赌，这个海胆的味道一定很棒！"你就是那些人。你是第一个吃螃蟹的人，一路摸索着，直到想出自己那个天才的口碑想法来。

在测试和监测阶段，很重要的一点是，要坦然接受潜在的话题引爆点的实验性质，不能对缺乏确定性的现实不管不顾。

测试对监测：两种不同的心态

我们在本章将要探讨两种不同的心态。

第一种是测试心态：你怎么知道自己的想法好到足以支撑起自己的口碑？你知道它会是一种有效的方式，听起来很像一部过时的 20 世纪 80 年代烂漫喜剧中提出过的这个问题：你怎么知道自己恋爱了？

"你就是会感觉得到。"

那是一种让你欲罢不能的暖暖的模糊感觉。反正就是……有效果了。

对这个逻辑不满意吗？必须得承认，光凭直觉来管理这种状况是很困难的。中午吃了顿大餐撑到了嗓子眼，或者早上多喝了杯咖啡，这些都会让你觉得特别温暖。

测试对监测			
测试		监测	
确定想法本身产生出支撑口碑所需的结果		正在发生的话题引爆点表现，以及对关键业务目标的贡献	
10%	监测中的对话应该是关于话题引爆点的	净推荐值变化 提供补救措施 保留／更新 客户增长 客户行为	KPI

那么，我们下面用数字来尝试一下。这就不那么烂漫了——除非数据给了你一种暖暖的模糊感。

我们用对希尔顿逸林度假酒店和芝乐坊餐厅的研究中所得到的结果，为话题引爆点的绩效建立了一条基准线。

当你收集所有场合中的对话时，我们一定要建议你，用与话题引爆点有关的对话，比较一下与其他关于你的企业或者品牌的对话，看看它们之间的对比情况。

这是一个简单的公式：对于一个优秀的绩效来说，话题引爆点应该出现在 25% 的对话中。在希尔顿逸林度假酒店和芝乐坊餐厅这两者的话题引爆点中，这个数字是有关这两个品牌的所有对话的 35%。但是，我们的研究表明，并不是所有品牌都需要达到这个比例才能保证话题引爆点有效；25% 的消费者对话就足以让它有效运行了。

在进行试行的有限时间内，话题引爆点的初始测试结果或许还达不到 25% 的门槛。当这种情况发生时，我们提出了一个能够代表潜在的增长和成功的理想的比例。就当前的情况来说，10% 的消费者对话是一个不错的初始成绩。如果鼓励不了 10% 的受试者开始自愿谈论你的话题引爆点，那么这显然不是一个挑起对话的正确机制。或许，它不够新颖，或许消费者认为它不够独特。你需要换一个再试试。

为了便于查阅，我们为你再总结一遍：

◎ 作为一个在有限时间之内的加速测试，你应该能在至少 10% 的对话中看到你的话题引爆点的证据。

◎ 作为一个耐久性测试，经过一定时间之后，话题引爆点应该出现在你 25% 的客户对话中。

测试话题引爆点

在我们讨论当前应用中的话题引爆点监测的技术手段之前，请牢记我们现在处于整个流程中的测试阶段。

你大概已经把想法组织成了一份按照潜力高低排列的清单。你有好的想法吗？有多好？不把话题引爆点放到消费者手中看看他们对它的反应（或者不反应），你很难知道这个话题引爆点是不是真的有效。

除非你正好是一家正打算做这个事情的小企业，能够用它试一试大家如何反应，否则，你大概需要做一次实际的测试，看看它是否能够产生结果。你如何测试一个话题引爆点？

你的测试方案取决于你身处什么样的企业，以及该企业如何构成。我们在这里将会看到几个例子，这些例子展示了不同企业测试话题引爆点的不同方式，这将会对你拟定对自己想法的测试计划有所帮助。

一家在线软件公司

新账本选择客户晚宴作为其最初的话题引爆点，这为测试创造了一个很好的开端：因为餐聚由到此旅行的新账本员工做东，它们就被有意识地按照地理区域进行了划分。这样的想法最便于进行测试和监测设计，因为你可以看到客户的反馈，有发来的电子邮件、在电话中与同事的分享、社交媒体聊天，甚至消费者调查数据，所有这些全都按照区域进行划分。

如果你只是在线上运行，那就考虑一下如何复制这个逻辑，并把它应用到你的话题引爆点测试上。你能够把话题引爆点最初的应用限制在某个容易监测到的具体的客户细分里吗？

本地商人

与只在线上的公司形成鲜明对照的是，本地企业面对着真正的消费者细分的挑战：如果你所有的客户都生活在同一个城市里，那么你如何能够让他们中的某一部分接触不到话题引爆点的同时还能够继续传播这些话题引爆点，但仅限于客户中的某个具体的细分群体？

排除消费者不是一个好的想法。你会想到按照时间来考虑测试，并就测试的方法做出非常具体的选择。例如：在测试话题引爆点之前发出一份消费者反馈调查表，然后试用一段预定好的时间（一个星期？一个月？）。这完全就看你的兴致了，之后，做另一个消费者反馈调查。通过倾听某些社交媒体的声音来验证你得到的结果，你就会对话题引爆点的运行情况有一个很好的认识。

专业的服务公司

开锁匠和口腔外科医生有哪些相似之处？

你需要他们的时候，有时候会需要得很紧急。这样的情况不符合标准的消费者细分。在短短几分钟内，你要完成一整套营销漏洞模型分析，如客户的意识层面，购买意愿等。在这样的环境中你如何开始监测一个话题引爆点？

我们提倡一种称之为 ABL 的心态——一直倾听。就算是最不成熟的社交媒体、网络、评论或者电子邮件支持的软件，都可以按照日期来搜索话题，给你提供有形的数据集，用它来与任何你决定要测试的话题引爆点的效果进行比较。

你是一位想要给患者就诊后提供 15 分钟免费坐式按摩的牙医吗？很好！请告诉我们，以便我们能够做一次预约。并且一定要比较之前和之后所讨论的话题，看看你的话题引爆点是不是真的促成了消费者对话。

税务筹划企业又会如何？如果你的企业存在自然的业务峰谷情况，就像很多的税务筹划行业中的那些企业一样，想要按照时间来划分任何事情都会很困难。你很忙的时候就很忙，而不忙的时候工作量自然就收缩了。

在这样的情况下，你不会有可以用来进行比较的任何数据。因而，你大概会想要在提供了话题引爆点的那段时间内就检查主动对话，对其话题和情绪进行分析。大家注意到了你的话题引爆点，而且提到了话题引爆点吗？提醒自己，作为一次测试，你期望看到是否有至少 10% 的对话提到了你的话题引爆点。

观察者效应

在探索可以用于测试话题引爆点的各种不同方法的时候，必不可少的一项基本工作是对研究和监测它们的做法做细致的分析。并不是所有的监测方法都能够为你提供可靠而且实用的想法。有时候，你所采用的方法本身就会因为设计方法的不完善而造成话题引爆点成功的假象。

例如：在客户还没有实际体验一个话题引爆点想法之前，你就直截了当地问他们是否会愿意分享这个话题引爆点，这大概就不会产生出任何有意义的结果。这样做甚至可能会激起客户的疑虑或者警觉，使他们认为你丧失了理智。

以这样的做法，你无法监测任何问题，因为你监测问题的方式会改变人们看待问题的方式。给消费者提供一个话题引爆点并监测其后续表现，这两项工作必须分开进行。监测工作一定不能被消费者发现，否则你最终获得的数据反映不出他们分享这个话题引爆点的倾向。

在物理学上，这种情况被称为"观察者效应"。它的表现有点类似这种情况：插入压力计监测轮胎气压，压力计本身就会影响到轮胎里的气压。被放走的那部分空气破坏了被监测的事物的状态。

类似地，监测话题引爆点也很微妙：如果消费者认为你想要做的事情不真实，他们感觉好像你要追踪他们对它的使用，这就会让他们迁怒于体验的全过程。

你这样来考虑：如果有公司给你提供了本书中的某一个话题引爆点，并马上问你是否注意到并是否愿意提到它时，你会做出怎样的反应？

你的目标是观察关于你的话题引爆点的对话环境，而不是它如何表现所带来的影响。

监测话题引爆点

当你确定某个想法已经有了充分的把握，而且该想法满足我们在上面一节中所总结出来 10% 的测试结果（甚至更好，达到了

25% 的长期门槛标准）时，你就已经做好了进入到对话题引爆点更彻底的监测计划上。这就让你做好了广泛使用话题引爆点的准备。

标准的度量和 KPI（关键绩效指标）手册只会给你提供间接的成功证据，而不是展示出话题引爆点的全部影响力。大部分的原因在于口碑与生俱来的监测挑战：它们大部分发生于线下。但这是最需要你理解的那部分内容，因为，经过一段时间之后，最可靠的那一类消费者偏好就会在这里茁壮成长。

由于口碑线上线下的这种"分裂"属性，你的监测手段也需要反映出这种不一致来。要想完整地理解话题引爆点的价值，就需要检查线上和线下这两种不同的对话。

线上对线下监测			
线上对话		线下对话	
◎社交媒体话题分析 ◎标签化的消费者印象 / 视频 ◎评分 / 评论话题	48%的口碑发生在这里	52%的口碑发生在这里	◎消费者调查 ◎评论卡片（"你如何听说我们的？"） ◎净推荐值 ◎呼叫中心记录（话题） ◎销售团队的趣闻轶事

这就要把以调查和意见卡片这种形式直接对客户进行的初始研究，与社交媒体话题分析二者结合起来。线下的数据（呼叫中心记录、电子邮件支持的软件话题分析以及销售团队访谈）将会

帮助你看到话题引爆点完整的现实情况。它对认识某人分享话题引爆点故事的可能性提供了一个全方位的角度。

狠心放弃

就算是精彩的话题引爆点想法也会非常脆弱。在消费者开始谈论它们之前，它们不会从中获益，而且也不会很快达到那个水平。对一个想法说再见，多快算是太快？

对于你的企业来说这些门槛会是什么样的，需要提前做出决定。你已经知道话题引爆点不可能很快生效。在实施某种想法并等待它生效的这个过程中存在一定的风险。毕竟，在希望与现实之间存在差异。以小规模的消费者细分测试一种想法会有效果的原因是群体洞察力。就像病毒一样，一件事情在一个小规模的群体中流行起来的速度，要比在大规模群体中快。让机会破壳而出的利基思想会帮助你打下某种扎实的基础。

要得出结论你需要等多久？

并不是所有的想法都具有很快显示结果的能力。回想一下来自第十五章的复杂性图示中的那些想法，其中有些就经历了很长的时间。如果给外卖袋子里添加额外的薯条，就像五人企业，你会很快看到结果。如果你要花时间在患者跟你约定找你看病的时间之前给他们打电话，就像格伦·戈拉布医生那样，大概就得花上几个星期甚至更久，才会看到真正可以监测到的反馈。

对于那些按照复杂性图示的分类属于更加深奥的想法，等上30天至45天后再检查关键指标是十分必要的。自然，某些消费者细分和群体类型会更快地表现出被吸引。

也会有这样的情况，你或者你的团队深信你有了一个伟大的想法，而且很多客户也是这样反馈的，但却没有完全达到25%的门槛。在这种情况下，你可能会发现，对这个想法做些微调就是解锁其潜能所需做的工作。

回到原本的调研中，就是那些在开始这个流程时所收集到的资料（在第十三章中做了总结），举行一次小组讨论，看看做哪些修改能够帮助加强4个R的力量：杰出、相关性、合理性以及可重复性。

当做完了这些，你仍然还不满意时，聪明的做法是下个狠手，放弃这个想法，转而采用并测试另外一个。

密切关注你的进展！一旦在测试阶段达到了百分比目标，至少10%，而且已经建立了某些运行监测的关键绩效指标，你就拥有了一个备选的永久性话题引爆点。我们将会在下面一章里讨论这个问题。

第十七章　扩展并启动话题

　　存在这样的情况，就是在一个机构中话题引爆点与生俱来地呈现出明星般的光彩。芝乐坊餐厅那像书本一样厚的菜单就是其中之一，在顾客走向餐桌的路上，这份菜单与大量精选的乳酪蛋糕美食一起，闪耀在舞台的中央。

　　不是所有的机构都能拥有无穷无尽的菜单和数十种甜点美食这样的规模。话题引爆点也可以更小些，更精巧些，精巧到会被误认为是实际的产品。美国收账公司的话题引爆点，荒谬地友善收账，所代表的就是这种类型。其他的那些都属于很小众的做法，比如像毕业生连锁酒店用其令人瞩目的房间钥匙所做的那样。

　　我们已经讨论了你可以如何制造拥有不同组成成分的话题引爆点，其中有些比较容易推出和测试。如果你现在已经测试了话题引爆点，而且证明它满足了预定的目标（至少10%的对话门槛）的话，那是时候扩展并让它进入到你的整个消费者群体中了。

　　我们将会在下一章里讨论如何通过采用更多传统的市场营销组合元素来放大你的话题引爆点，现在让我们聚焦在如何让公司里的其他人员对你建立起来的这一切都热血沸腾。

打造话题引爆点的 6 个步骤			
1 收集内部的 灵感	....	2 靠近你的客户	......
....	4 测试及监测	....	3 形成备选的 话题引爆点
5 扩展并启动	....	6 放大话题引爆 点	.... 打造下一个 话题引爆点

如何放大话题引爆点

迄今为止，你已经处于测试模式中，要寻找能够自己产生动能的区别点。既然已经识别出了话题引爆点并进行了改进，那就需要进一步加强发布方面的工作。如果没有人谈论的话，一个再好的话题引爆点又有什么用？

记住，话题引爆点不是市场营销。因此，你可能会用来支持一场新的市场营销活动的那些想法，也就是那些付费的、自有的以及赢得的媒体（POEM）的元素，不应该是你开展口碑培训工作时的第一站。

相反，我们提出了一种不同的框架，我们称之为 SEE。这 3个字母分别代表的是利益相关者（Stakeholders）、员工（Employees）和企业（Enterprise）。

话题引爆点 SEE 框架

SEE 框架		
S	E	E
利益相关者（Stakehoders）	员工（Employees）	企业（Enterprise）

一个话题引爆点的核心元素是它产生出来的故事。记住，这是话题引爆点区别于 USP（独特卖点）的地方。话题引爆点讲的是故事。独特卖点讲的是要点。

你的话题引爆点故事可能根植于人性，比如像开锁匠公司中的杰伊·索福以及他对动物福利的热情。

或者，你或许会发现你的故事根植于对客户独特属性的颂扬，比如像新账本及其现场的客户晚宴和活动。

但是，现实情况是，就算消费者爱上了你的话题引爆点，除非你的组织机构里（无论大小）的所有人都同样着迷，否则它也不可能会有显著效果。这就需要让公司里的所有人把力都往一处使，对于口碑来说尤其如此，而且非此不可。市场营销部门要做一些短期的促销活动，公司里的其他人不一定非得相信这个活动，甚至在某些情况下他们根本就不需要知道。但是，口碑则完全不同，因为话题引爆点诞生于操作层面的区别点，它不是口号和广告。你得做到与众不同，让顾客相信你值得去谈论。而且，与众不同要求每个人和每个部门都围绕话题引爆点来调整自己的工作。

就像爵士乐。音乐家们可以自由地去做自己的事情，但总是限定在总体方案的框架内。在这个情形中，这个框架就是歌曲。在你的情形中，就是欲望，迫切地想让眼前的顾客告诉他们的朋友为什么你们是值得关注的。

让我们来看一下扩展并得到组织认同的话题引爆点 SEE 框架。第一组是利益相关者。

利益相关者

不同的组织拥有不同的利益相关者，但是我们一般按照他们在性质上是内部的还是外部的来考虑。内部的利益相关者是那些与你一起工作的人；我们会在后面讨论他们。现在，当我们使用利益相关者这个词语的时候，我们都特指组织外部的那些人。供应商、承包商、销售商、合作伙伴、董事会成员以及社区支持者，他们都是利益相关者的代表。

利益相关者为什么会对你的话题引爆点感兴趣，并且想要了解你的话题引爆点？

因为话题引爆点有意思、独特而且与众不同。如果它能为你带来效果，那肯定也会让他们受益。他们与你的组织有关联，而且很可能急于找到一个理由去谈论这个话题引爆点。话题引爆点给了他们畅所欲言并分享故事或者趣闻轶事的理由。一个快速的议程安排或者邮件更新或许就足以让要点传达到大部分的利益相关者那里，下一次他们（线上或者线下）听到你的话题引爆点时，就能脱口而出，说："我知道，是不是很酷？我喜欢他们那样做。"

在某些情况下，确认过的某一个利益相关者群体可能是话题引爆点的受益人，比如像在杰伊·索福和开锁匠公司的案例。他把客户给的小费捐给了可爱狗狗救助站，把动物保护组织变成了他的话题引爆点的利益相关者。

员工

跟外部的利益相关者一样，员工也喜欢分享故事。一个独特的话题引爆点可以成为一个让所有员工骄傲的点，并让员工用自己版本的故事去分享。或许话题引爆点的交付是某件很特别的事情，它能为公司的文化提供一种局内人的视角。

可以肯定，要是自己的团队成员都没有觉得你的话题引爆点值得谈论的话，那你的客户也根本不可能有那样的想法。你最大的口碑拥趸肯定是那些在岗的员工。

要给员工明确讲清楚你为什么选择了这个话题引爆点，以及他们如何参与到故事里。不要只是用电子邮件宣布一下就了事了。确保让每个人都感觉自己是这个区别点的共同的拥有者，因为，不管怎么说，他们是每天不折不扣地在使用它的人。

想想斯基普家的厨房里的那位斯基普。顾客取到了王牌，就会得到一顿免费餐，这是他想出来的主意。当他自己在柜台值守的时候，他开始了这个话题引爆点，随后培训其他团队成员，让他们知道如何以最大的话题影响力来做好这件事。他并不是简单地在员工大会上宣布，"做这件事情，从明天开始"。

你必须让你的话题引爆点全方位地鲜活起来。希尔顿逸林度假酒店里的每一位团队成员都极其充分地了解了在登记入住时送饼干的独特性和影响力。这已经成了公司基因的一部分。

企业

时断时续地执行一个话题引爆点将会导致这个话题引爆点的最终衰败。一个好的话题引爆点会把筹码随机地押在某个让话题引爆点发挥作用的核心元素上：它们是可以重复的。如果你的话题引爆点太难于实施，它就不会一直不停地重复，并且会退化为一种随机的惊喜或一个令人愉悦的噱头。

如果五人企业给每个订单的额外薯条的数量时多时少，这个故事就会从"哇，这是一大堆薯条！"转变为"哈，我上次得到的薯条更多！"前后不一会会让你的话题引爆点由正面转为负面。

如何能够确保话题引爆点始终如一地应用到每一个地方？看清楚公司的每一个角落。对于五人企业，更多的薯条意味着更多的土豆（每个店里的土豆都是手工削的）。那就意味着五人企业需要订购并储存这些土豆。五人企业还需要培训数以千计的员工，以确保每一个订单都送出额外的薯条。

除了切实地提供话题引爆点本身以外，你还需要对话题引爆点如何在整个企业里获得支持做更为广泛的考虑。网站上的常见问题的解答反映出了你的话题引爆点了吗？是否需要更新客服脚本或者内部流程，以更好地确保它们的前后一致性？

毕业生连锁酒店的订制房间钥匙卡需要按照每个酒店做不同的设计和打印。这当然会影响到团队中负责该项工作的成员。

对于美国收账公司的荒谬的友善收账，话题引爆点就不太像是一件实际的事情，而更像是一种持续的文化。在这种情况下，公司就需要在其招聘和录用体系中构建明晰的流程，筛选并告诉新成员，让他们知道这是一家非常与众不同的收账公司。

SEE（利益相关者、员工和企业）框架将会帮助你抓住作为话题引爆点的区别点必须满足的所有 4 个条件：它应该是杰出的、相关的、合理的而且可重复的。

现在，让我们来看看如何为你的话题引爆点构建起势不可挡的内部动力并扩大其影响的范围。

扩展你的话题引爆点

大部分拥有强大的话题引爆点的组织都经历了一些必不可少的演变。很难见到这样的情况：你识别出了一个话题引爆点，发布出来，并且发现它从第一天开始就在发挥作用。斯基普家的厨房作为范例来说是个例外。通常的情况并不会那么顺利。

我们迄今为止提供给你的方法已经帮助你和你的组织站到了客户的面前，并考虑他们的需求是什么，以及一个话题引爆点如何给你的客户一个明确的而且是现在的理由去分享他们的体验。手里握着实际的数据，你已经拥有了所有需要的工具，可以去扫清所有组织都会经历的那些来自内部的"做不了"和"我们永远不可能"的阻碍。这种摩擦感觉就像用一张粗砂纸打磨创造性的灵魂，慢慢地磨平了所有乐观主义的棱角。

迄今为止，你获得的有关话题引爆点流程的所有知识都还局限于敬畏三角的范围内。现在是时候对同事做些展示说明工作，分享你的话题引爆点经验以及它对企业的影响力了。这里是你帮助同事避开操作性的恐惧，开始再一次创造性地认识企业的地方。

建立一个联盟

让同事关注提出会议申请的电子邮件的最简单的方法是什么？在会议主题栏上试试这个：我们如何才能以不花钱的方式赢得更多的客户。

谁会不愿意参加这样的会议？这会让那些持严重怀疑态度的人也充满好奇，而且很可能还会瞪大双眼。但是你会获得所需的数据，还有一个由来自敬畏三角话题引爆点团队同事组成的联盟。使用这样的会议申请方式，无形中便埋下了好奇的种子，然后再在会议过程中讲出这句语惊四座的话："我们找到了一种方式，可以激励我们眼下的客户，从而给我们带来更多的客户。"

有人可能会有点不怀好意地提出那个显而易见的问题：怎么做？

对这个问题的解答，就是与同事们分享话题引爆点故事的开场白。告诉他们那些你从客户调研中发现的东西，还有站在客户的立场，并进入到他们的内心会是种什么样的体验。接下来，跟他们分享你测试过的最初想法或者想法集。如实告诉同事那些想法是如何工作的。跟他们分享这些想法已经为企业产生出什么样的结果，就算还只是在测试阶段，用这种方式让他们搞清楚话题引爆点的总体情况，它是如何表现并产生出结果的。

然后说"我们就要启动了"。讲几个让你羡慕的其他公司的例子，这些例子中应该有大型的或者操作起来很复杂的话题引爆点。这些例子中有些可以是本书中讲过的——芝乐坊餐厅、希尔顿逸林度假酒店以及五人企业。

你会看到车轮开始转动了。

如果感觉开场做足了，而且也激发起了他们的兴趣，那就跟他们分享第十五章讲过的复杂性图示，上面要标注好你提出来的那些想法。重点要强调你测试过的那些想法，以及这些想法如何运行，但是随后要参照复杂性的象限讨论更多别的想法。

最终得到的应该是大家参与进来并测试新想法的意愿，以及来自持怀疑态度的那些同事的评论。你可能会想出能把当前的话题引爆点演变成客户体验的其他方面的几个概念。

找到一位执行负责人

一个成功的话题引爆点的安排也可能会导致另一个有意义的副作用：产生出一位执行负责人。

在话题引爆点试行期间被揭示出来的想法会具有广泛的影响力。

肖恩·埃利斯（Sean Ellis）现在是增长黑客公司的首席执行官，他在远程登录软件"用我登录"的急救产品设计上就曾经有过这样的经历。这是一款远程支持工具，这款工具能让使用者无论身处何方都能够登录进他们的电脑里。在刚进入公司的初期，肖恩在客户登录体验中发现了一个漏洞，这个漏洞会导致客户流失，而且即使留下来的（客户）也不会活跃。

解决这个漏洞本身不是话题引爆点，但是因为公司的客户增长和获取严重依赖口碑，这是一个明显的而且现实存在的风险。就算把这个问题提给了产品团队并进行了讨论，远程登陆软件"用我登陆"还是找不到解决的办法。它的产品团队关注的是别的事情。实际上，这个问题不单是与产品相关，肖恩也知道这一点。它也是一个市场营销的问题，而且也与网页设计有关。

肖恩决意要找到一个解决方案，于是他给公司的首席执行官准备了一些材料，并分享了他的发现以及关切，同时也提出了针对这些挑战的解决方案。首席执行官认可了这些数据，发动了涉及整个公司人员的协同努力，重新设想客户的在网情况。由于这个事情重新引起了整个公司的关注，远程登陆软件"用我登陆"发现，自己 80% 的新客户都是通过口碑获取的。

一位执行总监打开的一道很小的口子，大概就是在把你的话题引爆点带入大联盟需要做的唯一事情。

在首席执行官或者首席市场官全力支持一个话题引爆点之前，数据并不是他们想要知道的唯一的东西。花点时间想一下你要分享的故事。泰德·莱特在《菲兹》中总结出了另外一个有用的老派方法，那是一种用一顿饭解决问题的办法。

为了开发角色扮演的游戏，他会把手下带出去吃饭。每位员工都被分配了一个角色或者人物，然后练习讲述他或者她的故事。这种做法为什么会有用？它会让你认真考虑某些人将如何真正地分享你的故事。

"当你告诉首席市场官，你想要尝试某种口碑营销的时候，重点应该是对将要使用的词句字斟句酌。在解决预算和 ROI（投资回报）这些问题之前，你需要能够说服他或者她相信这个事情是有意义的。"

这种方法对于规模较小的公司来说尤其有用。如果你处于这样一种情形中，发现自己承担着首席执行官、首席运营官、首席市场官、首席技术官和首席财务官的责任（这是很多小企业的实际状况），在与同事一起吃饭的过程中做一个简单随意的练习，就像莱特做的那样，也许就能够产生出动力和让人心潮澎湃的东西。

赢得内部的动力

就像物理学中的那种情况，成功地管理任何一个组织其实就是解决一个动力的问题。话题引爆点就是在组织感觉到动力好像不足的时候，重新实质性地焕发活力的一个途径。当消费者、员工和其他的利益相关者都兴奋起来时，那所有人就都兴奋起来了。

由于话题引爆点培养了内部的粉丝基础，所以一定要分享早期的胜利。当某种精彩的事情发生、达成了新的增长门槛，或者实现了销售目标时，你都要大张旗鼓地庆祝，并且告诉所有人，客户是实现所有这一切的根本原因。做到与众不同的感觉就是很了不起！

有效的话题引爆点创造出伟大的品牌体验，而这些小型的内部庆功活动可以强化一个话题引爆点对公司团队精神的重大作用。

因为话题引爆点存续的时间超过了活动和噱头，所以我们说话题引爆点是持久性的，而且会带来一种对组织绝佳的现场叙事。这属于一种持久性营销。

我们已经讨论了测试、监测，以及启动话题引爆点。现在，你如何让大家真正地大规模地谈论它？下面我们将讨论如何放大你的话题引爆点。

第十八章　放大话题

你已经找到了一个值得谈论的杰出的想法。如何才能够让消费者谈论你的话题引爆点呢？如果对话通过了最初的 10% 测试，但是还不太能够达到 25% 的门槛，你就干坐着等吗？

你可以做很多事情来点燃对话并产生出动力，但要记住，按照定义来说，话题引爆点是一个战略性的区别点。它不是消费者推介计划，也不是一场影响者活动。

很自然地，伟大的话题引爆点的一个成果是这样的：它们产生出了话题和推介，本书中的每一个案例都是如此。所以，话题引爆点与推介计划之间的区别点是什么？

很多公司都有推介计划。通常，消费者获得的回报是某种免费的东西，或者每月的服务上获得的临时性折扣，或者会得到一件 T 恤衫。你能说出上一次确实让你向朋友、家人或者同事推荐某种东西的类似这样的刺激计划是什么吗？

6 步操作法，落实每一个执行细节			
1 收集内部的 灵感 ·········· ···		2 靠近你的客户 ······	
·············· ······	4 测试及监测	·········· ······	3 形成备选的 话题引爆点
5 扩展并启动 ·········· ······		6 **放大话题引爆点**	·········· ······ 打造下一个 话题引爆点

或许你能想到一个甚至两个例子，但是更可能的情况是让我们假定这种情况很罕见。

为什么？因为大家不是广告牌。

或者，就像乔纳·伯杰在《感染力》里所写的，"人们似乎不喜欢会走动的广告"。

话题引爆点有效，因为它们是微妙的而且是可感知的。它们不是按照推介计划的补偿物进行设计，用来交换朋友和家人的电子邮箱地址。

它们是真实的体验，不是广告。这也正好就是口碑影响对销售的驱动为什么会 5 倍于广告的原因。但是，正如我们已经知道的那样，口碑和广告并不是相互排斥的。它们相互支持，而且在本章里，我们将会讨论如何能够（而且应该）利用你的市场营销组合来支持话题引爆点。

为简单性搭建舞台

可能会有粉丝愿意把你的标识作为他隐私部位的文身符号，但是大部分企业都不会那么幸运。

消费者愿意分享的信息和故事是什么？是那些容易理解和解读的内容。换句话说，它们总是不屑于星号、条件和法理术语。消费者反正就是不喜欢术语和条件，尤其是在讲故事的时候。

"我跟你讲讲这家伟大的酒店！他们用热巧克力饼欢迎你，数量有限，而且可能并不是所有店都有。"这些话大概很少会从一个满怀激情的消费者口中说出来。

大家分享故事的方式就不可能是这样的。你的话题引爆点的语言必须精炼而且简单。不能有例外、警告或者前提条件出现。

假日世界与水上乐园以其无限制提供苏打水的做法，非常认真地采用了这种方法。很多主题公园和游乐园都以某种形式出售可以重复使用的杯子，其中也包括了无次数限制的续杯。杯子不见了也就意味着你失去了饮料续杯的特权。

假日世界与水上乐园有一种不同的做法，正如我们已经讨论过的：苏打水一直都是免费的，一年 365 天都免费。你不需要一个特制的杯子；免费杯子在饮料点随手可取。甚至在餐厅也是。不收取任何费用。没有任何限制。面向所有年龄段。这些让它非常容易在市场营销组合中被放大，因为这符合可谈论的慷慨，语句简单而且容易传播。

"它不单是一项投资；也是一种宣传的策略。我们把它放到了我们所有的广告中。我们把它发表在社交媒体上。我们一定要让大家知道那就是我们在做的事情。雷鸟项目是这个世界上最神奇的乘坐体验，但是，要告诉某位客人为什么应该来这里的话，在一整周的所有日子里我都会把免费软饮料这件事放到它之前。"交流总监宝拉·韦恩说。

考虑这个问题的另外一种方式是提出下面的问题：你能够给一个小孩解释清楚你的话题引爆点吗？如果不能，那么它就很难有效地在消费者和市场营销活动中被放大。

在这个阶段，你的第一步骤应该是：给一个小孩解释话题引爆点，如果孩子明白了，那么就可以继续探索如何放大并推广它。

我们为这本书制定的话题引爆点之一，就是关于话题引爆点和口碑力量的免费陈述稿，我们诚邀你下载并为公司内部的团队成员进行讲解。你可以很容易地把它定制成为谈论你自己话题引爆点的内容。在 TalkTriggers.com 上，这是完全免费的。

打造你的"因为"声明

所有话题引爆点在其生命周期中的某个阶段都要做一个决定：做任何一件具体的事情都是出于某种理由。或许，你研究出来并在复杂性图示上标出来的想法全都与公司的使命或者你的社群有关。每一个话题引爆点都有一个理由。

让那个故事广为人知是至关重要的事情。让某个人把自己添加进故事里要容易很多，而且，在让你的话题引爆点获得成功上，这一点非常关键。这个故事不需要多么复杂也不需要扣人心弦。事实上，越简单越好。

希尔顿逸林度假酒店在登记入住的时候送给旅客一块热巧克力饼干，因为它想让他们感觉自己很受欢迎。

五人企业多给薯条是因为它想让顾客感觉就像他们额外得到了某种东西。

演员佩恩和特勒在演出结束之后向每一位观众致意是因为他们想让观众觉得好像自己是某个群体中的一员。

你的"因为"声明是什么？

完成这个句子：我们做（话题引爆点）是因为（理由）。

一个故事能够让你的话题引爆点更具个性。如果你决定了将捐赠作为话题引爆点的一个组成部分，那你就要让大家知道捐哪里以及为什么捐。

如果你重新设计自己的产品想让它更加舒适，比如像新西兰航空公司用空中沙发所做的那样，那你就要让大家知道那是因为你意识到旅行已经变得不舒适了。

你品牌的"因为"是大部分人把你的话题引爆点解读成一个他们能够成为其中一部分，并与朋友、家人和同事分享的故事所需要的连接。通过延伸，他们的体验成了你话题引爆点的组成部分。

在市场营销组合中放大话题引爆点

市场营销组合是放大话题引爆点的"发射台"。

就像假日世界与水上乐园免费饮料所做的那样，你也会想要寻求在其他媒体环境中分享消费者体验内容的机会，这些媒体环境包括下面几种：

◎ 广告

◎ 社交媒体

◎ 客服反馈

◎ 电子邮件活动

◎ 网页

我们为写作本书所访谈过的很多人都在反思他们的话题引爆点带给付费媒体工作的好处。希尔顿逸林度假酒店确实围绕其话题引爆点开展了一场广告活动，配文为＃甜美的欢迎。以付费媒体支持其话题引爆点的做法源自于旅行行为的变化，尤其是在比较年轻的旅行者中间。

"热情营销为了新一代的旅行者而持续不断地演变。"希尔顿全球品牌营销副总裁斯图尔特·福斯特说，"开发只专注于诸如现做食品和饮料的供应，或者新的浴室设施这一类的'硬产品'的整合营销活动已经不够了。"

在所有其他媒体缺位的情况下，让话题引爆点自力更生，这种情况的重要意义是值得关注的。但是，正如我们已经在本章中以及其他地方所注意到的，这种好处确实在企业的不少领域中形成了一种商誉的维恩图。广告、社交媒体以及付费媒体是这些受益者中的一部分。

媒介和影响者

只是为了引起关注而做点什么，可能会让你踏进真人秀节目，但不会为你赢得长期的粉丝。让媒体感兴趣对于伟大的话题引爆点来说只能算是副产品，而不是要追求的目标。

向记者和其他影响者推广话题引爆点这项工作你应该如何处理？一定要非常谨慎。

我们建议你真的不用对它做任何的发挥。它是一个有效的谈话点，让你的公司与众不同，并且与竞争对手拉开距离。把它用在你的关键信息传递的基础结构中，作为展示公司对客户承诺的证据点。

除此之外，对话题引爆点的关注最好留给它们的目标群体：你的客户。

改进你的操作

你是否曾经在看到店门口的红灯亮起时，去过一家卡卡圈坊？只要去过一次，你就再也不会以过去同样的方式去看待炸面圈了。所有独立式的卡卡圈坊炸面圈店外面都立着一块霓虹灯招牌，上面写着"新鲜出炉"，而此时炸面圈正从世界上最美味的流水线上源源不断地掉落下来。这个非常视觉化的暗示提醒那些路过的行人，炸面圈时间已经快到了，而且一次不经意的驻足就会让你获得温软美味的回报。

这是话题引爆点放大工作中的最高峰：它成了产品本身的组

成部分。在卡卡圈坊,话题引爆点的放大(新鲜出炉的热炸面圈!)是如此重要, 公司也开发了专用的移动应用程序（APP）, 让想找炸面圈的人能够方便地找到离自己最近的那块热面饼。

实际的操作也是最先进和最复杂的。你能够达到这个阶段吗? 是的, 你当然能。这是一个长期的任务, 而不是某种有了数据或者弄清楚之后就能够一蹴而就的事情。一路上小步小步地走, 你会发现在构建与卡卡圈坊同样规模和范围这个想法的过程中, 你已经建立了某些持久性的东西。

放大工作指南

话题引爆点很难做到分毫不差。但是, 当你做这项工作的时候, 请帮自己一个忙:在对精妙的追求中不要捡了芝麻, 丢了西瓜。话题引爆点太过于精妙, 就像对它太急功近利一样有害。

能从让一个话题引爆点更加抢眼中获益的公司例子就是亚马逊, 具体来说是亚马逊网络服务（AWS）。亚马逊网络服务有一个很难兑现的客户承诺, 你大概会很吃惊: 当它发现成本下降的时候, 会主动把节省下来的成本以降低定价的方式传递到客户身上。

试想你收到了一份来自于亚马逊网络服务的电子邮件。你点开它。阅读。你发现账单从此以后变少了, 而不是变多了。多好的慷慨话题引爆点!

这个口碑发生器的操作层面很复杂, 像亚马逊网络服务的产品包就涵盖了 30 多个类别的 130 多种服务, 而且价格也随不同地区的市场不同而各有不同。亚马逊网络服务的定价矩阵有点像雪花：任何一位客户接到的永远也不会是同一片。

但是，它依然拒绝做出哪怕是最不起眼的表示，让这些价格的下降受到关注和谈论。亚马逊网络服务不是简单地说声"恭喜！我们要少收你点费用"，而是通过一场四流赌场之旅，用《旅行》（Journey）杂志大张旗鼓地四处炫耀。它把西瓜掩藏在带有项目符号的长篇电子邮件中。

对自己的话题引爆点缺乏热情当然也让亚马逊网络服务的客户深受影响。当你分析并评价客户对亚马逊网络服务的议论时，"降价"为什么不是大家共同的主题，部分原因就在于此。就像世界上最自由放任的巨龙一样，亚马逊网络服务就坐在一座话题引爆点的金山上，但是却不愿以除了低声细语外的其他任何方式提及。

秘而不宣是口碑的敌人。就算以"秘密"菜单而闻名于世的著名的美国汉堡包连锁店 In-N-Out，也在其网站上用一整版来介绍这份秘密菜单。

员工维持着话题引爆点的运行

问题：五人企业的顾客和员工有什么共同的地方？答案：对薯条充满热情。

他们全都出现在这个玩笑里，而且他们明白这里指的是什么。我们强调下面这种情况的重要性，因为它属于第十七章中的 SEE 框架：在职的员工可以是你最伟大的口碑倡导者，同时也是话题引爆点的放大源。

随着一段时间内的演化，话题引爆点成了公司文化的组成部分。这对于本书中的每一个例子来说都是符合的——芝乐坊餐厅、希尔顿逸林度假酒店、假日世界与水上乐园、美国收账公司、开锁匠公司、新账本。尽管刚开始的时候会有些胆怯，但是以与众不同的方式做事情成了让员工们骄傲的一个点。他们会谈到自己在一个强化了话题引爆点的独特环境中的体验。它贡献出了信任，而在某种事情感觉很真实的时候，消费者也会留意。

你甚至会发现，话题引爆点在你的基本客户之外形成了一系列的商誉。它能够在像玻璃门这样的评论与工作网站上出现，对你的招聘工作有好处。

员工对芝乐坊餐厅的一条评论总结得最为到位。那些支持意见中早已揭晓了答案。

"巨型菜单。"

放大话题引爆点是一个良性的循环。它让话题引爆点出现在主动的谈话里，并且让它保持一定的相关性。当话题引爆点开始遭遇回报下降的痛苦时会发生什么情况？我们将在第十九章中来讨论这个问题。

第十九章　打造下一个话题

当你爱某种东西爱到无以言表的时候，你会怎么办？作家兼首席执行官安迪·赛诺维孜把这种情况描述为"一个巧克力问题"。

"我们（或者说我们中的绝大多数）都爱巧克力。我们喜欢巧克力中的很多种类，它们可以被制作成这样的糖块：咬一口是奇妙的墨西哥辣酱，再咬一口变成了丝滑的柔软香蕉涂层。巧克力太奇妙了，而且，对它还很难有更多的言语来描述。"

赛诺维孜认为，谷歌解决对其地图产品麻烦不断的用户热度问题所用的办法，就是搞清楚了巧克力问题。一开始，谷歌地图很厉害，把查图网以及市场上所有地图服务项目远远地甩在身后。我们对它谈论了一番，然后不再谈论了。它变得寻常而且毫不起眼。

但是，它随后又做了些事情：谷歌增加了实时交通状况。然后我们又开始谈论谷歌地图。最终，实时交通情况变得毫不起眼。

卫星图像加进来了。最终，这也变得一文不值。

街景图像随之而来，这也制造了很多话题，因为这些简直太恐怖了，是不是？推出之后，大家会花费数天的时间，仔细探索世界的每一个角落，在街景图像中寻找稀奇古怪的东西。但是，现在我们对它的谈论也不太多了。

伟大且惊人的事情的保鲜周期有时候很短。它们是口碑中的彗星。事情一直在谈论中，直到我们的父辈和祖父辈也开始谈论它们，然后，没有人再觉得它们有什么亮眼之处。这大概就是"工作男"①的成员在乐队重聚时讲给自己听的故事。

这种情况不只是出现在澳大利亚的流行乐队中，而且也出现在话题引爆点上。它们中有些遭遇了保鲜期极其短暂的命运。随着你推开大门，放出某种更亮眼的东西来，一段时间之后，那样东西也会变得……毫不起眼。

有些品牌能够维持一个话题引爆点很多年。希尔顿逸林度假酒店用饼干达成了这个目的，但是，希尔顿逸林度假酒店也发现有必要重新做些安排，并提醒旅客关注话题引爆点，就像我们在第十八章中讨论放大时所总结的那样。这个品牌知道需要重新激发大家对饼干的热情，否则，话题引爆点自身只能成为上面还黏着巧克力碎片的墙纸。

当一直被你捧在手心里的、你对其宠爱有加的而且促成它们流行起来的那些令人称奇的东西开始褪色时，你会怎么做？

租租车这家汽车租赁企业就面临这个问题。它拥有一个持续很久的话题引爆点，就是它会去客户家里或者工作的地方接送他们。多年来，这个品牌的每一个电视广告都会使用这句宣传语："我们来接你！"

---

① 工作男（Men At Work），澳大利亚的一个流行乐队。——译者注。

6 步操作法，落实每一个执行细节			
1 收集内部的 灵感	……… …	2 走近消费者	……
……… ……	4 测试及监测	…………	3 形成备选的 话题引爆点
5 扩展并启动	…………	6 放大话题引爆 点	……… **打造下一个 话题引爆点**

　　曾经，这是一个很强大的可以谈论的区别点。毕竟，安飞士、百捷乐和爱路美这些汽车租赁企业不会来接你。而且，就算他们会来接你，这很少有人知道，也很少会被谈论。租租车在慷慨类别里有一个可重复的而且相关的话题引爆点，并且在多年来一直占据着这个优势。

　　但是，今天，这是一个没有人会再去谈论的话题引爆点。2017 年秋季，我们与杰森·福尔斯（Jason Falls）以及对话研究所一起，筛选了数万条社交媒体上提及租租车品牌的订单推文，寻找"接你"影响力的证据，结果一无所获。在所有提及租租车的正面社交媒体推文中，接送服务在最常提及的类别中排名第八位，这很难说是一个重要的口碑引擎。

　　怎么回事呢？

　　一个成功的话题引爆点开始衰落，不再能够提供它曾经有过的流行语言，一般来说有三个原因。

　　第一个，竞争对手模仿你。威斯汀连锁酒店开始以"天梦之床"为口号推出"酒店里的舒适床"狂潮，但是它无法维持这个区别点的独特性。希尔顿花园酒店、万豪国际以及其他品牌很快就加入到了此次睡眠竞赛中，让天梦之床不再具有谈论的价值。

第二，话题引爆点变得非常有名，成了一种预期中的事情，不再能让消费者惊喜到足以激发出话题。这种情况可能以扎博斯的案例最有代表性，它率先提出了免邮费退换货的理念。我们猜测现在接近100%的扎博斯用户都知道而且期待着这个特性，这便使它在话题中不再活跃了。

第三，科技和社会规范的变化，让话题引爆点不再有趣。这可能以租租车企业的案例最为典型，优步和来福车在美国的出现，已经让"接送"乘车成了一种一键式的体验。

帕拉冈直达这家我们在第十一章中介绍过的汽车公司，在任何时间都可以去客户那里取车，然后连夜养护，在客户早晨出门上班之前送回来。对于类似的基于速度的话题引爆点，毫无疑问"我们去接你！"或许不再像它曾经所做的那样能够激发出对话来。

租租车企业好像认识到了其话题引爆点的下滑情况，它现在常常说自己是在提供"全球交通解决方案"。当然，接送服务仍在，但是实际上已经降级成了常见问题中的一个项目。

所以，当你的话题引爆点不再杰出的时候，你该怎么办？结束它，并且打造一个新的引爆点。

开辟一条新路

鼓励话题引爆点要么与时俱进，要么最终被替代是一件很重要的事情。

你需要彻底地另起炉灶吗？

没必要。如果你发现话题引爆点表现不佳，你需要回头重新过一遍我们在本书中总结的这个过程中的某些部分，并且在测试新的概念之前，重新检查你的数据、灵感和想法。

从我们在第十三章中总结的那些元素入手，重建一个新的团队，或者重新召集起原来的团队，把新鲜的数据带到会议桌上。这个过程或许不需要像最初那样，要召开一次完整的独立会议，因为你现在已经为管理话题引爆点建立起了一些必要的工作流程。你甚至可能会在公司中发现了某种文化的改变，这种改变让这个步骤几乎根本就没有存在的必要了。我们发现，在应对消费者的想法方面，某些组织的表现要比其他组织更具本能性。

随后，按照第十四章和第十五章中总结的流程走。这个修订过的方法将会产生出新的想法来，你可以把这些想法标注在复杂性图示上，这会给你提供鲜活的新视角，你可以把它当成你敬畏三角中的一个组别来使用。

这就像枪与玫瑰乐队组合的重聚，长发和夸张的妆容已经不见踪影了一样。音乐还是一样的，表演却是全新的。

如果在打造新想法方面需要获得帮助，那你就回到话题引爆点的 5 种类型：可谈论的关爱、可谈论的有用、可谈论的慷慨、可谈论的速度和可谈论的态度。

它总是能够时刻提醒你和团队认清真正的话题引爆点是什么：战略性操作层面的区别点有哪些。它必须得杰出、可重复、合理而且相关。你的新想法符合这个标准码？如果符合，就在一个全新的复杂性图示上标注它们。

在当前话题引爆点的演变过程中，你会寻找哪种类型的想法？看看哪些显而易见的东西会对你有所帮助。你会发现，你需要进一步调低复杂性变量，创作某种与你现有的话题引爆点相关，但是对于公司来说更为独特的东西。

你可能也会发现，文化或者行为趋势已经改变，让你现有的话题引爆点在执行上没有了关联性，尽管基本前提仍然完好如初。如果你的客户消费产品的方式已经变了，你的话题引爆点可能也需要随之改变。

值得注意的一点是，一个话题引爆点的演变也有风险。有时候，公司要为消费者体验中某一个珍爱的部分做出改变，有可能是一个或许还没有被当成话题引爆点的部分。这就是里昂·比恩①这个案例要讲的情况。这家公司在 2018 年初改变了一个已经沿用了很长时间的退货政策，这个政策曾经让公司真正地与众不同。在改变前，其退货政策简单明了，退货没有任何条件：消费者可以以任何理由在任何时候要求退货。

里昂·比恩的慷慨显然遭遇了占比很少的消费者的挑战，他们退回了数十年前的产品并要求退款。从很多指标来看，新政策仍然堪称慷慨：消费者可以在购买后一年之内以任何理由退货。

---

① 里昂·比恩（L.L. Bean），美国的一个户外品牌——译者注。

但是，公司从中学到的教训是，用一个新的更加标准化的退货政策替代一个真正是区别点的老的退货政策，会招致批评，而且在这个过程中会对其品牌造成伤害。问题不在于里昂·比恩的新政策。真正的问题在于推出这个改变的方式。如果决定要搁置或者改变一个话题引爆点，请一定要注意应该以什么样的方式把这个消息告诉给你的客户。

增加一个话题引爆点

你会想要进行探索的另外一条途径不涉及废掉你的话题引爆点。它考虑的是增加另一个，一个小兄弟，打造出一种全新风格的对话来。

我们再次来看一下假日世界与水上乐罗的一个伟大案例，看看这种方法是如何工作的。回想一下我们关于假日世界与水上乐园的首个案例研究：无限量的免费饮料。时至今日，这个额外的收获是大部分人提到和讨论最多的事情，但是就其本身来说，它变成了一部独幕剧。它可以重复，当然杰出而且合理，并且在大热天，没有人会质疑它的相关性。

如果假日世界与水上乐园打造出无限量免费饮料的更加离奇的兄弟出来会是一种什么情况？通过挑战它的团队，它做到了。

宝拉·韦恩是负责交流的总监，她说他们是从这些问题开始着手的：下一件大事情是什么？除了免费的软饮料外，我们还能做点什么？

"几个月之后，我们回到会议桌旁，当时负责管理水上乐园的那位女士想出了防晒霜的主意，因为她每天都在水上乐园工作，会看到很多人没涂防晒霜。"

防晒霜。

假日世界与水上乐园立刻抓住了机会，并且在公园各处建立了小亭子，里面装有 55 加仑的 SPF30 防晒霜。

"我们真心实意地推广，让大家经常使用防晒霜。"韦恩说，"认真地涂抹上防晒霜，稍等片刻后再下水，然后，从水中出来之后，再去补上些。这种做法是真正在推广一种让大家变得更加健康的方法。"

对容易被大量偷盗，造成大量的分项支出而业绩没有明显提升的担心似乎是合乎逻辑的。但事实恰恰相反，假日世界与水上乐园的团队发现顾客对能够得到防晒霜和免费的饮料的做法都非常赞赏，通常不会出现像去好事多和山姆会员店购物那样的情况。

"从大部分的情况来看，大家都很感激。就有点像我们如此努力地保持公园的清洁，大家对此很是感激，尽量不在公园里扔垃圾一样，因为看到了我们在保持公园干净因而他们也就做起了同样的事情。"韦恩说，"真正从心理层面来看待这个问题。很显然，当你为他们做了某件好事的时候，他们也就想做某种好事来回报你。"

假日世界与水上乐园发现，顾客给他们的回报不只是对免费的苏打水和大量的防晒霜心生敬意，他们还经常跟朋友和家人分享这些正面的体验，而且让这些体验出现在评分和评论网站上。这让假日世界与水上乐园的话题引爆点成了一个持久性的话题，而且成了关于组织的口碑的不朽元素。假日世界与水上乐园的话题引爆点现在成了把它与遍布美国各地的游乐园区别开来的一套品牌承诺。

商品化是个趋势（尽管不是必然的）

正如我们在第一章中提到的，消费者对建立和维持品牌拥有强大的影响力。商品化的发生不只是出现在产品和服务里，而且也出现在实际的品牌体验和承诺中。迪克逊、妥曼，以及德力西在《无效体验》（*The Effortless Experience*）中写道："商品化……是在 21 世纪做生意无法回避的一个艰难的真理。从上市到获得市场接受的高峰，到别人剽窃你新的伟大思想，并把它说成是他们自己的，这个时间跨度正在缩短到几近为零。你刚认为自己有了某种能够让品牌脱颖而出的东西，竞争对手就会发布一款相似的产品或者服务。"

根据我们的研究，被消费者认为"真正与众不同"的企业只有 20%。事实上，大部分消费者没有发现能够让人眼前一亮的东西，因为这些东西找不出足够的差异来。让一个具体的想法或者事物被谈论的点随时都在变化，而你的话题引爆点最终也需要与时俱进。

拾人牙慧很可悲

只是把自己手上的所有事情都做到极致是不够的。卓越的运营和强烈的消费者体验能够帮助你留住已经赢得的客户；而且那是一个有价值的自我发展的目标。但是，好就是一个字。它不会催生出太多的对话，因为消费者的期望永远在提高，而且他们总是希望企业能够提供高水平的消费者体验。

你现在知道了区别点成为话题引爆点的 4 个标准。你已经明白了话题引爆点的 5 种不同类型。你学会了打造自己的口碑引擎的 6 个步骤。

接下来的事情就全靠你了。

拾人牙慧很可悲。请允许自己做点与众不同的事情。值得关注的事情。可以谈论的事情。

不要忘记，在 TalkTriggers.com 网站，我们有很多额外的资源可以帮助你。那里甚至可能有个小的话题引爆点在等待你的发现。

另外，我们还制作了一份快速参考指南，这份指南放在附件里。它重点标注了《如何让你的产品被快速口口相传》一书中重要的数据，让你可以在自己的口碑之旅中参照起来更加容易。

最后，一个小请求。如果喜欢这本书，请告诉你的朋友。

杰伊·贝尔与丹尼尔·莱明

附录　快速参阅指南

如果你刚刚读完了这本书，那恭喜你。

你已经踏实地站在了打造消费者对话，用话题引爆点构建自己企业的康庄大道上了。我们提供这份简易的参考指南，让你能够在需要的时候快速地刷新对关键原则的理解。另外，我们也考虑到了本书中的每一份案例研究，每个公司的规模和行业类型，以及该公司是 B2B（企业对企业）还是 B2C（企业对消费者）。如果你某天想起了《如何让你的产品被快速口口相传》中的某个例子，并且想要很容易地找到并重新阅读的话，这一点对你可能会很有帮助。

如果你属于那一类总是径直把书翻到后面的人的话，这份参考指南会让你对《如何让你的产品被快速口口相传》中包括了什么内容有个大概的印象。

你还能够得到更多的免费资源，包括一个网络社群，你可以在那里与同事和我们一起讨论口碑问题。请登录 TalkTriggers.com 开始这场讨论。而且请随时在需要的时候通过 JayAndDaniel@TalkTriggers.com 联系我们。

第一章　好口碑以小博大

案例研究

◎ 芝乐坊餐厅（大型，B2C，餐饮）

要点

◎ 口碑变得前所未有地有效。

◎ 消费者相互间的信任在增长，而对公司的信任在下降。

◎ 在信息交换很具体的时候，口碑发挥的作用最好。

◎ 引爆话题需要有意而为之，它在消费者间促成对话，并且在这个过程中斩获潜在的新消费者。

关键数据

◎ 在美国所有的消费者购买行为中，19% 的成交直接由口碑促成。

◎ 在美国、英国、巴西和中国，口碑对购买决策的影响超过了其他的所有因素。

◎ 口碑对 B2B 企业的影响甚至会更大。

第二章　把握对话的方向

案例研究

◎ 希尔顿逸林度假酒店（大型，B2C，接待行业）

要点

◎ 线下口碑通常更难管理，因为消费者不按他们在线上、社交媒体上的方式来组织他们的体验。

◎ 社交媒体不等同于口碑。它是口碑传播的途径之一。

◎ 优秀的企业会有意识地制造口碑。

关键数据

◎ 小企业认为口碑是他们最为有效的销售渠道。

◎ 线上和线下口碑各占公关公司总对话的 50%。

◎ 拥有口碑营销具体计划的公司不足 1%。

第三章 拾人牙慧很可悲

案例研究

◎ 温莎旺木材公司（中型，B2B，制造业）

要点

◎ 独特卖点是一种特性。话题引爆点是一种好处，是用故事传播的。

◎ 在口碑产生的情况下，做"好"还不够。

◎ 在口碑场景中有 4 类消费者：独特性寻求者、体验顾问、基本粉丝以及怀疑者。

◎ 体验顾问是那些常常会被其他人征询意见的消费者。独特性寻求者明确地寻找那些与众不同的公司。基本粉丝寻找"好的"日常体验。怀疑者说他们拒绝企业间的区别点。

关键数据

◎ 详细讲述一个产品、服务或者公司的直接体验是最强大的对话形式，而且占所有口碑活动的 80%。

第四章　杰出而不只是"好"

案例研究

◎ 乌姆普夸银行（大型，B2C 及 B2B，金融服务业）

◎ 开锁匠公司（小型，B2C，服务业）

要点

◎ 我们自然而然地会寻求做得更好而不是与众不同。

◎ "合适"并不能引发大家的讨论。

◎ 一个区别点要成为话题引爆点有 4 个标准：杰出、相关、合理以及可重复。

关键数据

◎ 没有哪个区别点能够 100% 得到消费者的喜爱；如果真的能这样，就不可能存在大到足以产生对话的差异。

第五章　与核心业务紧密相关

案例研究

◎ 假日世界与水上乐园（中型，B2C，娱乐业）

◎ 新账本（中型，B2B，软件业）

要点

◎ 话题引爆点应该支持公司的总体定位和协调性。

◎ 事件对话题引爆点来说可能是一种极好的补充。

第六章　简单合理，不说让客户迷惑的大话

案例研究

◎ 毕业生连锁酒店（小型，B2C，接待业）

◎ 五人企业（大型，B2C，餐饮业）

要点

◎ 当企业提供某种好得不像真的的东西给消费者的时候，会让他们产生怀疑，因为通常的情况确实如此。

◎ 你的区别点需要足够大胆，以促成对话，但是要足够合理，让人相信。

◎ 话题引爆点必须足够简单，用一句话就能够解释清楚。

关键数据

◎ 当你对消费者做出过度承诺的时候，不仅是降低了他们的参与度，而且还会降低未来的品牌信任度。

第七章　可重复操作，确保客户每次都能得到

案例研究

◎ 佩恩与特勒（中型，B2C，娱乐业）

◎ 记者俱乐部（小企业，B2C，餐饮）

要点

◎ 令人感到惊喜只是一种宣传噱头，不是口碑策略。

◎ 话题引爆点不是市场营销（像一场活动或者一次促销），而是一个持续应用的能够带来市场优势的操作层面的区别点。

◎ 持续性胜过高兴，并且能构建信任。

◎ 对待消费者做不到前后一致会造成混乱和不信任。

第八章　用"关爱"取悦客户

案例研究

◎ 美国收账公司（中型，B2B，金融服务业）

◎ 格伦·戈拉布医生（小企业，B2C，保健行业）

要点

◎ 话题引爆点有 5 种类型:关爱、有用、慷慨、速度和态度。

◎ 关爱和仁慈属于有效的话题引爆点,因为在大部分企业的实际运行中,这两种东西很是罕见(就算有的话)。

关键数据

◎ 更富有关爱之心的医生遭遇患者起诉的概率通常更小。

第九章　用"有用"唤醒客户的真实需求

案例研究

◎ 新西兰航空(大型,B2C 和 B2B,交通运输业)

◎ Spiceworks(辣椒工坊)(中型,B2B,软件业)

要点

◎ 那些想采用关爱作为话题引爆点但缺乏情感支持的公司,可以考虑一下:带给消费者超出他们期望的效用。

第十章　用"慷慨"激发客户的讨论

案例研究

◎ 安特卫普弗兰德斯会议中心(中型,B2B,接待业)

◎ 斯基普家的厨房(小型,B2C,餐饮)

要点

◎ 很多企业试图通过少给消费者一点来提高自己的利润率。慷慨话题引爆点能够发挥作用，是因为他们带给消费者的远远超过了消费者的期望。

关键数据

◎ 缩水式通胀（当单位分量越来越小时价格却维持不变）越来越司空见惯，这让慷慨话题引爆点更加令人关注。

◎ 一家餐馆的物理环境是影响就餐选择的最重要的因素。

第十一章　用"速度"维护客户体验

案例研究

◎ 帕拉冈直达（中型，B2C，汽车业）

◎ 荷兰皇家航空公司（大型，B2C，B2B，交通运输业）

要点

◎ 没有什么东西会变得更慢。

◎ 3 年以前被认为反应速度的东西，今天（最好的情况）是公开的秘密。

◎ 做到可谈论的敏捷是一个高标准。

关键数据

◎ 41% 的消费者表示，当他们联系一家企业的时候，"快速解决我的问题"是一个好的消费者体验中最重要的元素。

◎ 速度比"公司代表表现出来的礼貌"重要 350%。

◎ 10 位美国人中有超过 9 位表示他们在致电一家企业时，等待转接的时间不会超过 5 分钟。

第十二章　用"态度"满足客户期望

案例研究

◎ EC Chantal（小型，B2C，服务 / 制造业）

◎ 超级阅览室（小型，B2B，软件业）

◎ 超级会议室（中型，B2B，电信业）

要点

◎ 大部分的企业表现都得很严谨，所以，选择采用不一样的方法就能够创立有效的话题引爆点。

◎ 要能发挥作用，一个关于态度的话题引爆点必须在公司的所有层级得到接受，包括（而且或许尤其是）管理层。

第十三章　收集内部的灵感

要点

◎ 在打造自己的话题引爆点时，需要采取 6 个步骤：收集内部的灵感、靠近你的客户、形成备选的话题引爆点、测试与监测、扩展并启动、放大话题引爆点。

◎ 话题引爆点不由任何部门"拥有";它们贯穿在整个公司的全流程。

◎ 敬畏三角是由来自市场营销、销售和服务的团队成员组成的群体,他们走到一起从事话题引爆点工作。

◎ 在第一阶段,参与的团队成员收集有关你的客户、企业和竞争对手的现有资料。

第十四章　靠近你的客户

要点

◎ 企业中的很多人对消费者想要什么和需要什么知之不多,因为他们花在消费者身上的时间非常少。

◎ 调查研究能够在表面上告诉你消费者想要什么,但是很少能告诉你他们真正想要什么。

◎ 社交媒体对话数据能够帮助说清楚消费者的真正感受。

◎ 产品和服务使用数据显示出的不只是消费者对他们想要什么的说法,而且还有他们今天真正做了些什么。

◎ 与公司里的销售和服务人员谈话能够帮助你了解消费者的想法。

◎ 像一个消费者那样亲自体验你的企业,能够帮助你识别出潜在的话题引爆点。

第十五章　形成备选的话题

要点

◎ 记住话题引爆点的 4 个标准和 5 种类型，为企业找出 4 至 6 个潜在的想法，这些想法要能够给予消费者真正想要的东西。

◎ 有两个层级的话题引爆点：产品和品牌。从产品层级入手通常是最佳的做法。

◎ 在复杂性图示上标注潜在的话题引爆点，从低、中、高复杂性对照低、中、高影响力进行比较。

◎ 对于首个话题引爆点来说，复杂性图示上的理想区域应该在中影响力和中复杂性处。

◎ 针对企业里的话题引爆点，预先弄清楚潜在的阻碍和反对是哪些，以便你可以快速地解决这些问题。

第十六章　测试及监测话题

要点

◎ 话题引爆点对口碑（以及总体的企业成功）的影响是可以被监测的；只是要花点时间，并需要做一些手工的工作。

◎ 查阅消费者的社交媒体对话、电子邮件、评论和类似的渠道，话题引爆点能得到部分的证实。

◎ 线下的口碑具有难以想象的强大力量，可能需要对消费者进行调查，找到并隔离它的影响。

◎ 在全面投放备选话题引爆点之前,用部分消费者进行测试。你需要有 10% 或者更多的对话率（当提出关于你企业的不同点是什么的问题时，每 10 位消费者中有 1 位会在没有提示的情况下提到过话题引爆点）。

第十七章　扩展并启动话题

要点

◎ 如果备选话题引爆点超出了 10% 的对话率，就可以考虑把它推向整个公司。

◎ 一旦全面推开并且放大，话题引爆点应该产生出 25% 的对话率，从长期来看，这样才有可行性。

◎ 你的口碑努力需要公司里的 3 个关键群体的支持，这样才能有效而且可持续。这 3 个关键群体是：利益相关者、员工和一般意义上的企业。

◎ 当全面推行一个话题引爆点的时候，由一位高管负责组织内部的协调会有很大的益处。

◎ 把话题引爆点取得的成功在整个组织层面推广：如果员工不知道你的区别点或者对此漠不关心，那么消费者为什么要关注呢？

第十八章　放大话题

要点

◎ 一旦一个成功的话题引爆点投入使用，通过让它被广大消费者所知而生根发芽，枝繁叶茂。

◎ 创建你的"因为"声明,帮助解释话题引爆点为什么存在，以及为谁存在。

◎ 某些最好的话题引爆点在公司的付费广告中得以进一步放大。

关键数据

◎ 口碑促成的销售量是广告促成的 5 倍。

第十九章 打造下一个话题

要点

◎ 有些话题引爆点能够成功存在数年，甚至数十年。但是有些在消费者的期望改变的时候就不再能产生对话。

◎ 当看到话题引爆点的对话率下降，或者注意到竞争对手正模仿曾经是你独一无二的做法的时候，请回到 6 步操作法的起点，找出一个新的区别点。

◎ 不需要一个全新的话题引爆点，你也可以给现有的话题引爆点增加新意或者进行升级。

◎ 话题引爆点把当前的消费者转变为自愿的营销者。

关键数据

◎ 公司赚到的 10 美元中，大概有 2 至 5 美元来自于口碑。

致　谢

　　像这样一本书，真的是来自于团队的努力。首先，要感谢送给我这位杰出的合作者，也是好朋友，丹尼尔·莱明。他是一位杰出的作家，也是一位世界级的人物。能够与他一起把这个项目做出来是我的荣幸。

　　我对家人的爱和感激无以言表。这是我写作或合著的第六本书，每一次，我的妻子艾莉森（Alyson），女儿安妮卡（Annika）以及儿子伊森（Ethan）都做出了巨大的牺牲并提供了很多的便利，让我能够长时间停留在"写作模式"中，这个时间长到足以最终拿出某种让读者获益的东西来。谢谢你们。

　　也感谢我在说服与转化公司中的那个了不起的团队，我们在此为很多世界上最著名的品牌服务，帮助这些品牌打造话题引爆点，改进他们的市场营销和客户服务。我真的非常幸运，能够每天被他们很专业的指正所环绕。

　　特别感谢克里斯汀娜·派德（Kristina Paider），她处理了第一稿的编辑工作，并在这次创作的早期阶段搭建了书稿的总体框架。

　　我们还对受众调查公司的苏珊·贝伊尔（Susan Baier）充满

感激，她在我们为写作本书所进行的消费者态度研究中做出了杰出的贡献。谢谢你，苏珊。

也要谢谢我们的出版经纪人吉姆·乐文（Jim Levine），他的指导和洞察力的价值难以估量。

与企鹅出版集团组合丛书部门的整个团队击掌一圈，尤其要感谢对我们帮助最大的编辑梅丽·孙（Merry Sun）。

当然，没有这么多企业、研究人员、专家学者、作家和咨询师难以估量的贡献，这本书也是不可能出版的。他们仁慈地贡献出了时间和感悟，构成了《如何让你的产品被快速口口相传》的内容。他们是（按照出场顺序）：泰德·莱特（感谢你写的序）、约翰·詹特什、乔纳·伯杰、艾德·凯勒、安迪·赛诺维孜、斯图尔特·福斯特、司各特·麦凯恩、莎莉·霍格斯黑德、伊曼努尔·罗森、布莱恩·邦特、克雷格·弗林、杰伊·索福、宝拉·韦恩、马特·埃克特、麦克·麦克德蒙特、斯派克·琼斯（Spike Jones）、鲁伊萨·托雷斯·布兰科、肯林·格雷兹、狄恩娜·克里斯迪森、格伦·戈拉布医生、杰伊·霍尔伯格、安佳·斯塔斯、斯基普·瓦尔、布莱恩·本斯托克、卡勒布·莱恩、兰迪·弗里希、肖恩·埃利斯，以及杰克·伍德沃德（Jackie Woodward）。

——杰伊·贝尔

这本书的大纲编写、写作、调研和编辑工作真的是件快乐的事情。故事里有很多美好的细节，而且我们在这个过程中有机会与一些真正伟大的人相识（像开锁匠公司的杰伊·索福、新账本的麦克·麦克德蒙特——这帮家伙太厉害了）。

像一本书这样的大项目需要一整支部队的人来维持。它需要坚韧和感恩。我对如此众多的人慷慨地给予我们的时间充满感激，具体的人员已经在上面一一列举了。

感谢斯蒂芬，她在我写作和调研的这几个月里耐心地让灯亮着。

感谢我的好朋友丽萨·罗伊弗雷（Lisa Loeffler）和阿拉木·马林尼奇（Aram Malinich），在很多的写作工作中都有他们的参与。

感谢企鹅出版集团组合丛书部门的梅丽·孙。杰伊说得一点没错：她乐于助人、充满热情而且是一位绝佳的编辑合作者。

感谢克丽丝·安东尼·托雷佳莎（Chris Anthony Torregosa），她负责你在本书中看到的那些讨人喜欢的小图示。

感谢阿列克斯·科内尔，他作为超级会议室的合作创始人，写出了一曲伟大的待机音乐。如果你曾经看到过我对本书的现场推介会你就会知道我对那些音乐有多热爱。我现在依然还在享受着这份快乐！

一本书是永远不会真正完结的，我期待看到我们的读者群里的朋友真正地使用好这些工具。

——丹尼尔·莱明

作者说明

这本书讲的全都是各行各业的人们智慧的结晶。你的声音——线上和线下——几乎完全地决定了《如何让你的产品被快速口口相传》在帮助各种类型的企业打造消费者对话策略与方法上是否会成功。

所以，如果你喜欢《如何让你的产品被快速口口相传》，就请谈论它！而且如果你是在线谈论，请提示我们，并且使用话题标记 #TalkTriggers。我们将会给有价值的可谈论的议题送出特殊奖励。

另外，请记住还有很多没有收入本书里的额外的关于话题引爆点以及如何打造它们的资源。请登录 TalkTrigger.com，获取视频、网络讨论、新的案例研究、电子表单以及特殊的惊喜。

我们构建话题引爆点

我们也直接与公司合作，帮助它们识别、规划、测试、监测并操作夺人眼球的话题引爆点式的区别点。如果你着迷于话题引爆点，想让它在你的组织中发挥作用方面需要某些帮助的话，在

JayAndDaniel@TalkTriggers.com 给我们发份通知，我们将会马上与你联系。

话题引爆点讲座

我们也在世界各地宣传话题引爆点的理念以及口碑的重要意义。要是在主题发言、定制研讨会、网络讨论或者其他的现场培训机会上能与你合作，我们将倍感荣幸。敬请给我们上面提供的地址发送电子邮件。